Niedermayer
Gott der Armen

GOTT DER ARMEN

Religiöse Lyrik aus Lateinamerika

Ausgewählt und übertragen von Franz Niedermayer
Eingeleitet von Erika Lorenz

Patmos Verlag Düsseldorf

CIP-Kurztitelaufnahme der Deutschen Bibliothek

Gott der Armen:
religiöse Lyrik aus Lateinamerika
ausgew. u. übertr. von Franz Niedermayer.
Eingeleitet von Erika Lorenz. –
1. Aufl. – Düsseldorf: Patmos Verlag, 1984.
ISBN 3-491-72144-X
NE: Niedermayer, Franz [Hrsg.]

 1. Auflage 1984
Umschlaggestaltung: Peter J. Kahrl
Gesamtherstellung: Boss-Druck, Kleve
ISBN 3-491-72144-X

Vorwort

In diesem Buch erhebt das religiöse Lateinamerika seine Stimme – rund hundertzwanzig Dichter spanischer und portugiesischer Sprache. Lateinamerika in seiner unverwechselbaren Identität: die Anfänge reichen zurück bis zu jener Nonne, der »zehnten Muse von Mexico«, die 1695 an der Pflege Pestkranker starb. Die Mehrzahl aber lebt in unserer Zeit und will und sollte sie bewegen.

Doch meint der Titel »Gott der Armen« kein sozialrevolutionäres Programm – wenn sich auch das Christliche zu bewähren hat am Sozialen. Arm sind hier alle, die da »hungern und dürsten« nach Gott – mag dieser Mangel nun in Schuld und Zweifel gründen, im Bewußtsein von Verlassenheit und Tod oder in der Bedrängnis, in die Terror politischer Regimes den Homo religiosus bringt. Das Beispiel Cubas, krönender Abschluß des Buches, ist so erschütternd wie das Katakombenchristentum in der Sowjetunion. So wird der müde Christ Europas aufgerüttelt, denn die Gedichte zeigen: es geht um das ganze Menschsein, um Würde, Freiheit, Glaube, Liebe, Hoffnung.

Der Gott der Armen ist nicht die mitleidlose Gottheit der Ureinwohner dieses Kontinents. Der Gott der Armen kennt Erbarmen. Das Christsein des Lateinamerikaners hat ein ganz eigenes Gesicht. Nirgends sonst wird so ernst, so unmittelbar Gottes Menschwerdung verstanden und gelebt. Christus als Bruder, Solidarität des Leidens.

Die neuplatonische Last des abendländischen Christentums kam nicht mit den Entdeckern, den Eroberern und Mönchen über das Meer. Leibfeindlichkeit und Weltverachtung schlugen keine Wurzeln in dieser Üppigkeit der Tropen. Hybris des Geistigen hat keine Chance in einem Leben, das die Natur als Übermacht erfährt, hinreißend und bedrohlich.

Gott wird hier nicht gedacht oder »gelehrt«, er wird erfahren oder schmerzlich vermißt. Es scheint ein wunderbarer Zufall, daß gerade das große mystische Jahrhundert Spaniens seine Siedler und Missionare auf den Kontinent entsandte, den man »Indien« nannte, weil man Indien suchte. Das christliche Lateinamerika lebt eine Mystik, die, ganz ursprünglich und echt, doch Züge zeigt, die schon Teresa kannte, die Heilige von Avila. Sie kannte den Zweifel, die Nacht der Gottesferne mit ihrer Frage: »Wo ist dein Gott?«, und sie erfuhr die ungeheure, kaum sagbare Möglichkeit, »den Allmächtigen zu bewegen, daß er in unsere Nichtigkeit eingeht und uns in sich verwandelt«.

Der Gott der Armen, Gott der Sünder, der Entwürdigten und Beraubten ist das personhaft tiefste Du. Das Du als Ich und alle Grenzen übersteigend, wie die Sprache zeigt: Ströme von Bildern, Strahlkraft der Metaphern, Wandel des Worts in jene Urkraft, die keiner Worte mehr bedarf. Aus diesen Dichtern spricht der Gott der Armen zu aller Herzen, unser aller Gott.

Hamburg, im Mai 1984 *Erika Lorenz*

El Dios de mi pobreza

Te siento azul.Te siento si me rozas.
Te siento en tus silencios y bonanzas.
Te siento, incorregible, si me alcanzas,
te siento si te duermes resposas.

Anclaste in mi hurracán todas tus rosas,
venciste en tus relámpagos mis lanzas;
te siento en mis heladas lontananzas.
Te sé en el mar; te sé en las mariposas.

Yo sé de ti en la nieve y en la hoguera,
Yo sé de ti en la escoria y en la brisa.
Sé de prontas caricias y de espera.

Y me estrujo en la lumbre de tu fragua,
porque sé que la vida se desliza
como un barco de suenos sobre el agua.

Alfonso Castro Pallares

Der Gott meiner Armut

Ich spür' Dich im Blau. Ich spür', wie Du mich berührst.
Ich spür' Dich im Schweigen wie als Wohltäter.
Ich spür' Dich, ich Unverbesserlicher, da du mich fassest.
Ich spür' Dich, wenn du müßig bist und ruhst.

In meinem wilden Sturm ließest Du all Deine Rosen Wurzel schlagen,
zerbrachst mit Deinen Blitzen meine Speere;
ich spür' Dich in meinen eisigen Fernen.
Im Meer weiß ich Dich, in den Schmetterlingen.

Ich weiß Dich im Schnee wie auf dem Scheiterhaufen,
ich weiß Dich in Kohlenschlacken wie im Oliventrester.
Bald spür' ich Dich in der Liebkosung, bald im Warten.

Ich vergehe in der Glut Deiner Esse;
denn ich weiß, daß das Leben entschwindet
einem Traumschiff gleich auf den Fluten.

(Im Mai 1984 dem Anthologisten zugedacht aus México, D. F.)

Lyrik Lateinamerikas

Romanze auf den heiligen Petrus

Eine Schuld habt Ihr mißachtet,
Petrus, ein Hahn hat's Euch verwiesen:
wer die Vernunft vergißt, ihn wird
sogar die Unvernunft noch rügen.

Die Vorsehung bedarf nur
weniger Werkzeuge;
denn selbst den Apostel bekehrt sie
mit dem, was ein Hahn predigt!

Prüfung ward darum zur Schuld
für Euer Gnaden;
in große Gefahr gerät eben der,
dem kleiner Fehl nicht unterläuft.

Ängstlich nur fühlt sich angetrieben
die mitleidende Hand,
immer wenn einer in eigener Strafe
vom Schmerze Kenntnis hat.

In fremden Schwächen zeichnet
sich stets die eigene ab,
und der Hall des Falles erinnert an
den eigenen Sturz.

So mäßigen Eure Augen mit dem
Mitleid die Gerechtigkeit,
so weinen wie Missetäter jene,
die streng als Richter blicken.

Romanze, um auszudrücken die Wirkungen der göttlichen Liebe, samt dem Vorschlag, als Liebender zu sterben trotz aller Gefahr

Da die Gnade mich anfeuert,
in die Sphäre mich aufzuschwingen,
drückt mich um so tiefer
das Gewicht meiner Nöte.

Tugend und Gewöhnung kämpfen
im Herzen,
und das Herz ringt um sein Leben,
weil beide sich streiten.

Sei selbst die Tugend noch so stark,
ich fürcht', daß sie erliegt;
denn gewaltig die Gewöhnung,
doch zarte Pflanze nur die Tugend.

Die Rede gerät abseits
ins wirre Dunkel;
denn wer könnte mir Licht spenden,
wenn die Vernunft erblindet ist?

Mein eigener Henker bin ich,
mein eigener Kerker auch.
Wer sah es je, daß Strafe und Strafender
in eins zusammenfallen?

Ich weise ab ebendas,
was ich erfreuen möchte;
und von der Abneigung, die ich wecke,
ersteht in mir der Schmerz.

Ich liebe Gott und fühle in Gott,
und mein eigener Wille macht
das Tunliche zum Kreuz,
den sichern Hafen zur lästigen Qual.

Leide drum, Gott schickt es;
doch auf diese Art ertrag,
daß zwar Sünden dir Leiden bringen,
nicht aber Sünden sind die Leiden.

Sor Juana Inés de la Cruz, berühmt als »zehnte Muse von Mexico«, wie man sie schon zu Lebzeiten hieß, vielleicht die begabteste und gescheiteste Frau des hispanischen Barock und vielleicht auch die größte Dichterin Gesamtamerikas. Sie lebte 1648–1695, zuerst am Hofe des Vizekönigs von Mexico und dann als Nonne in zwei Klöstern der Hauptstadt. Als Wissenschaftlerin fähig, hinterließ sie außerdem ein poetisches Opus von fast 1000 Seiten in heutigem Zweispaltendruck, darunter mehr fromme oder unterhaltsame Theaterstücke als Lyrik, die häufig Auftrags- oder Gelegenheitsarbeit war. Die nahende Aufklärung wirft ihre Schatten voraus im Riesenwerk dieser emanzipierten Nonne. Die großen deutschen Hispanisten Vossler und Pfandl zollten ihr Bewunderung und interpretierten sie, ebenso 1982 ihr Landsmann Octavio Paz. Mit Spaniens Teresa von Avila hat sie einiges gemeinsam.

Hab Mitleid

Du weißt es, Herrin, schon seit früher Kindheit
wurde Dein Lob mir zu schönem Brauch.
Kaum daß ich um Deine einzigartigen Vorzüge wußte,
fiel ich auf die Knie nieder, und ich lernte, Dich zu bitten,
daß Du meine Seele ließest sich verzehren in Deiner Liebe,
Jungfrau-Mutter von Guadalupe.

Da das Land meiner Väter am drohenden Abgrund ausgesetzt ist,
eile ich flehend zu Deinem Schutzwall.
Was heißest Du mich tun, Vision meiner Illusionen,
himmlisch und unaussprechlich? Ich beteure und schwör' Dir,
daß ich keinen anderen Ausweg weiß. Von Kind auf erfuhr ich,
daß Deine Augen auf dem heiligen Hügel ruhten,
und er hüllte sich in reiche Blütenpracht, unerwartet,
als Dir es gefiel, Jungfrau von Guadalupe,
zum Rosenberg wurde er ...
Gibst Du uns armen Indios nicht alle Schätze ...?

Der Ungehorsam der Kinder reiht Unglück an Unglück,
unerhörte Leiden lasten auf dem Vaterland.
Seine Jungfrauen klagen, Schweigen brütet über den Meeren,
verlassen die Felder. Kein Versteck verblieb, das
der Schmerz nicht fände ... das Vaterland ist ohne Schutzgötter ...

Dieses feurige Blut, kreisend in meinen Adern,
das ist mehr als bloß Blut.
Lange schon lebt das Blut meiner Rasse
in engster Gemeinschaft mit dem Spaniens;
und so ist es nicht zu verwundern,
daß der Tod fürs Vaterland mit Lachen auf den Lippen,
ich schwöre es euch, empfangen wird wie einst in Kastilien.

Das heilige Schweigen von Golgatha erstritt sich Kastilien,
unter großen Gefahren und mit viel Mühsal
trug es das Kreuz, das Welten loskaufte,
herüber zu unsre Küsten und pflanzte es in den Strand.

Der gute Baum wurzelte ein, trug Früchte,
die den Geschmack von Segnungen hatten;
bald wußten davon auch die Angelsachsen,
und sie wollten ihm schaden, uns in Trauer versetzen.

Und sie sind noch dort . . .
und sie schuften und plagen sich, wie wenn
die Hölle selbst am Werk,
kein Tag der Ruhe.
Ehern ihr Wille und ewig ihr Kampf.
Jungfrau von Guadalupe,
deren grenzenloses Mitleid mir von kleinauf bewußt,
laß Dich herab und sieh an, wer uns Leid antut.
Deine Augen mögen aufnehmen den Anblick all der Drangsal,
die Dein Volk quält, dem Tode nahe.
Fühl mit uns, o Herrin,
Deine Lippen mögen bannen, Deine Hand möge segnen.
Erweise Dich als unsre Mutter. Es schlug die Stunde,
von Bethabara zu kommen, Deine Freundin zu heilen . . .

Nein, abermals nein, es darf nicht sein, daß man Dich vergebens anruft.
Was ich als Kind als erstes erfuhr, war, daß Du Mitleid hast.
Schon als Kind lehrte man mich, Dich zu bitten,
mach es möglich, daß meine Seele sich in Liebe zur Dir verzehrt.
Indio-Jungfrau, mildtätige Mutter von Guadalupe.

Späte Klage

Geschmiedet weiß ich mich an den großen Todestraum,
von Gott gesehen als mein Geschick.
Seit dem vierten Januar leb' ich hier,
aber es ist nicht mein Haus.
Darum will ich fort,
Vom Aufstehn bis zum Schlafengehn,
liegt stummer Schmerz auf mir und frißt mich auf.
Mein Glaube, schwach und dürftig, kann aus seinen
zuckenden Armen mich nicht befreien.
Meine Seele brennt im Fegefeuer.
Seit jener verwünschten Nacht
fand ich keinen Frieden mehr; denn alles war mir
zum schädlichen Gift.
So bleibt mir nur der Tod,
gut tut er, mich nicht warten zu lassen.
Besser steht mir an
ein neues Haus als das verlassene.

Alfredo R. Placencia, 1873–1930, einer der vergessenen, fast Unbekannten in Mexico. Er kommt aus »der am meisten kastilischen Region Mexicos«: Jalisco. Ärmsten Verhältnissen entstammend, verdiente er sich den Unterhalt als Student mit Zeitungsverkauf, wurde in Guadalajara zum Priester geweiht. Man ließ ihn nur in ferne, armselige Pfarreien, wohl wegen seines freien Lebenswandels. Er hatte Kinder, die er taufte und denen er seinen Namen gab. Vom Amt zuletzt suspendiert, vagabundierte er in den USA und Südamerika. Gealtert und müde heimgekehrt, starb er bald in einem Exerzitienhaus. – Ein schweres Leben ohne Beziehungen zu literarischen Kreisen; Einzelgänger in der Kunst wie im Beruf, war er wenig belesen, aber voll leidvoller Erfahrung. 1946 erschien in der Hauptstadt eine Anthologie seiner wenigen Gedichtbände, die von Spanien aus die Heimat erreicht hatten.

AUFKLÄRUNG

Aber sehn Sie mal das Reisigbündel an:
die Deutschen zuerst, sie
sagen, daß es ihn nicht gab;
die Engländer wissen dann,
daß das Evangelium verfälscht wurde,
und die französischen Gelehrten
– Gott möge es ihnen verzeihen! –
sagen, daß Christus der Sonnengott sei:
nicht Gott, der zum Menschen wurde!
Unser Jahrhundert rühmt sich des Lichts,
ich im Schatten seh' es rußgeschwärzt.
Jesus Christus ist Jesus Christus,
er, der in der Krippe ward geboren,
auf Kalvarien starb,
er, der auferstand,
er, der so ruhig schlief
in seinem rosafarbenen Grab:
das ihm seit 2000 Jahren
die Theologie zuteilte!
Sagt mir nicht, sagt mir nicht,
daß er ein entsprungener Narr war,
daß er die Regierung stürzen wollte,
daß er ein teuflischer Zauberer war,
nicht Sohn der Jungfrau,
daß sein Vater nur ein Soldat . . .

Ich bin ein Christ alten Glaubens,
wurde getauft
und lebe nach Gottes Willen:
mit sieben Kindern und verheiratet!
Und wenn ich mal sterbe, he, dann will
ich die Wegzehrung und das heilige Öl,
an meiner Seite das Kruzifix jenes
Gottes, der begraben ist
in seinem Felsengrab –
und so wirkungslos blieb.
Es kamen nun die Gelehrten
und haben ihn ausgegraben ...
Ich, Schlaukopf, meine, sie kommen nicht weit ...!
Dieser Tote gibt ihnen allerlei auf!

Salustio González Rincones, geboren ca. 1885 in Venezuela, gestorben auf der Heimreise vom diplomatischen Dienst in Europa, 1933. Schon ab 1907 in Caracas berühmt als Dramatiker, seit 1910 immer in Europa, zunächst als Journalist, später als Diplomat. Er übersetzte Hugo, Rossetti, war aber zuerst Stimmführer des venezolanischen Modernismus, hernach als »autodesterrado« (Selbstverbannter) vergessen. In seinen »corridos« von 1922 wehrt er sich gegen die »Aufklärer«.

Das Gedicht von Gott

Ich lese die Gedanken Gottes in der Schöpfung,
die keimende Ausdenkung, die aus dem Unendlichen strömt,
die Liebes-Buchstaben der göttlichen Sprache,
das gestirnte Wort der anhebenden Nacht.

Ich lese die Gedanken Gottes. Es werden Morgenröten,
es werden die Mittage, die Abende, die Bahnen der
goldenen Sterne und der silbernen Monde,
die Saphirberge mit ihrer beschneiten Stirn,

alle Lebewesen stehen auf: die Vögel, die Kriechtiere,
das eintägige Insekt wie die Eisbären,
das Lianengeflecht wie die hochragenden Eichen.

Ich lese die Gedanken Gottes. Und ich lese in
meinen blutvollen Eingeweiden die schöpferischen Worte,
wie wenn das unendliche Gedicht durch meine Adern flösse!

Die Himmel stiegen nieder

Aus unsterblicher Gegenwärtigkeit entspringt meine Gegenwart,
die ganze Geometrie meiner Formen ist verborgen;
es brennt in meinem Herzen das Feuer der Geburten,
ein Fiat göttlicher Flammen durchströmt meine Adern.

Eine himmlische Mitte des Kosmos ist die Stirn,
sonnhafte Willenstärke regt sich in den Armen,
Sternmitten der Welten in der Brust
und das geheime Schöpferwort auf den Lippen.

O unnahbarer Gott, herabgestiegene Himmel,
wenn die Nacht ausspannt ihre tausend Konstellationen
und das Unaussprechliche rührt ans Menschenwort!

O Wiederkehr der Ekstasen, menschliche Seele, klar,
Bund der Mächte in der unendlichen Nacht,
und das Licht wesensgleich mit dem ungeschaffenen Sein!

Carlos Sábat Ercasty, geboren 1887 in Uruguay, gestorben 1982. Als Neunzigjähriger noch aktiver Meister des Sonetts (z. B. 1977 mit »Sonetos de las agonías y de los éxtasis«, veröffentlicht von der Akademie in Montevideo). Der Ruhm geht ihm nach, dem frühen Neruda als Vorbild gedient zu haben. Der Modernist Sábat wandelte sich zu einem stilistisch abgeklärten, streng introvertierten Klassizisten pantheistischer Prägung. Zu Beginn der achtziger Jahre war Sábat Ercasty geachtet als der Nestor lateinamerikanischer Lyrik.

In Demut

Wenn mich überkommt
die Müdigkeit des Endes,
werde ich, wie der Kranich
im Reimspruch, in mein Dorf heim-
kehren, niederknien zwischen den
Rosen der Plaza, dem Reifenspiel der
Knaben und den Seidenquasten der Vorhänge.

So knie ich umgeben von einem
Bankett der Blumen,
da amtiert als Sakristan vom Turm
die Uhr, mit dunkler Umrandung und

goldenen Zeigern, da erscheint dem
Menschen und dem Tier, dem Zufall, der
entzückt, und den Sonnenstrahlen
in seinem Gehäuse das Allerheiligste.

Vom Licht umrahmt,
das den Tagesausklang schmückt
wie der Faden einer
apostolischen Spinne,
muß ich mein Gebet sprechen,
gedemütigt und in Demut,
mehr als die Beschläge der braven Laststiere,
die das heilige Sakrament tragen.

»Ich kenne Dich, Herr,
selbst wenn Du als Unbekannter
reisest, und Dein Duftschritt macht
mich stumm, gelähmt und blind,
denn ich spüre Deine balsamische Gegenwart.

Deine klingende Karosse hält
plötzlich inne fortzufahren,
wie wenn die Straßen nur
ein Spielzeug wären, dessen Werk
abgelaufen ist.

Meine Base, die Nadel hoch erhoben,
steht steif hinter dem Fenster,
leblos wie eine Statue.

Der Dorfbriefträger,
der Neues aus aller Welt bringt,
kniet nieder auf seinem Postbeutel . . .

Die Orangen hören auf zu wachsen,
und ich rühre mich kaum vor Deinem
Blick, um diesen Augenblick zu kosten.

Herr, mein keckes Herz,
das nachlief anspruchsvollen
Wunschbildern, es quillt über, schreit
zu Dir, daß ich Dein dankbar' Spielzeug sei.

Denn du zirkeltest mir
in die Brust einen Kompaß,

ähnlich einem Dreiblattklee
und von der Leidenschaftsfarbe des Mohnes.
Aber dieser Kompaß ist
demütig und verborgen
wie der magnetisierte Kamm,
mit dem die Damen
Nadeln heben und ihr
Haar im Dunkel elektrisieren.

Herr, dieses Spielzeug
aus dem Kern des Magnets,
es liebt Dich und bekennt
mit inniger Glut
seine Wurzel, die treibt
und spaltet die hundertjährigen Fliesen.

Alles liegt auf den Knien,
die Stirnen im Staub;
mein Leben ist der Mohn der
Leidenschaft, und sein Stengel
neigt sich voll Empfindung,
um unter Deinen Rädern zu sterben.

Ramón López Velarde, 1888–1921, Mexicos populärster Lyriker, quasi der Nationaldichter, der modern und universal schreiben konnte. Sein kurzer Lebensweg umgab ihn und sein knappes, aber bedeutendes Werk mit einer tragischen Gloriole. Er band seinen Glauben ein ins Volksganze und besang die »suave patria« in »gedämpfter, intimer, melancholischer Poesie« (P. A. Cuadra) wie später Pellicer.

Benediktiner

Die Benediktiner, schweigsame Mönche,
stumme Inseln, glückliche Bäume.
Wege ohne Menschen, neu und duftend,
wie die lebendig verzauberten in den
schönen Geschichten Andersens, Wege
Perraults, darauf die Schritte fallen
in schöner Ruhe, lautlos. Die schöne
Schlafende kann erwachen. Wenn die bösen
Leute, Blaubart und Wolf es wüßten! Gesegnet

die Blume des Schweigens! Das Rotkäppchen
und alle Kinder unseres Herrn gehen diesen
Weg ohne Angst.

Leben um zu sehen! Andre Mönche kommen einher
auf lauten Pfaden mit Lärm.
Mit irdischen Stimmen profanen Geschmacks,
politisch verquickt, wie es sich schickt für
eine drückende Hand: weitreichend und verwünscht ...

Die Benediktiner in ihren Abteien,
sie sind frei und gleich wie Litaneien.
Sie leben die Stunden. Hartes Zeitmaß:
Licht in den Augen, Honig im Munde,
sagen sie das gleiche, mit ungleicher Stimme,
wie das Wasser, das immer neu vom Brunnen fließt ...

Die Benediktiner, Gregors Gesang,
monotone Süße, aus großer Ferne tief ins Herz.
Künftige Musik besserer Zeiten,
klingende Stille, angestimmt von schlichten Kehlen.
Das »Laudate Dominum«: Brüder, das Leben
unterdrückte das harte Gesetz des Gelebtwerdens,
wenn es Psalmen singt: Ich bin eine schöne und
stille Blume im Garten des Herren.

Azarias Pallais, 1888–1957, Nicaraguas bekanntester Priesterpoet, in einer Person Franziskus und Francis Jammes. Ein Neuerer auch in seinen Predigten, wo er als einer der ersten vom Sozialismus in Mittelamerika sprach. – P. A. Cuadra nennt die Poesie seiner Heimat ausgeglichen und integral kurz: »neo-mediterran«.

Nocturno

Vater unser, der Du bist im Himmel,
warum hast Du meiner vergessen?
Du dachtest an die Frucht im Februar,
da ihr rubinrotes Fleisch verletzt wurde.
Auch meine Seite ist offen,
und Du wendest mir keinen Blick zu!

Du dachtest an die schwarze Traube
und gabst der Kelter roten Saft:
und fächeltest die Blätter der Pappel,
mit Deinem Atem, in sanftem Hauch.
Und in der breiten Kelter des Todes
willst Du noch nicht meine Brust auspressen!
Unterwegs sah ich die Veilchen sich öffnen,
den Falerner des Winds trank ich,
und ich senkte, wie vergilbt, meine Wimpern,
um weder Januar noch April zu sehen.
Und ich preßte den Mund fest, ertränkt von
der Strophe, die mir nicht über die Lippen kam.
Die Herbstwolke hast Du geöffnet,
und mir willst Du Dich nicht zuwenden!
Der meine Wange küßte, hat mich verkauft;
er verweigerte mir die zerschlissene Tunika.
Ich gab ihm in meinen Versen ein blutendes Gesicht
wie Du auf dem Tuche.
Und in meiner Nacht im Ölberggarten
war Johannes feige und der Engel ablehnend.
Unendliche Müdigkeit ist über mich gekommen,
haftet zuletzt in meinen Augen:
die Müdigkeit des Tages, der geht,
und die der Frühe, die kommen soll;
die Müdigkeit des zinngrauen Himmels
und die Müdigkeit des indigofarbenen Himmels!
Jetzt löse ich die Sandale des Märtyrers,
löse die Zöpfe, Schlaf heischend.
Und schon in die Nacht versunken, erhebe ich den
Ruf zu Dir, wie Du mich lehrtest:
»Vater unser, der Du bist im Himmel,
warum hast Du meiner vergessen?«

Die Chilenin *Gabriela Mistral* (so ihr Künstlername), 1889–1957, erhielt 1945 den Nobelpreis für Literatur und stieß damals den Deutschen – nach dem verlorenen Krieg und der geistigen Umnachtung – ein Fenster zur Welt auf. Sie war eine gläubige, vielgeprüfte, einsame Frau, religiös und sozial, was sich oft schwer miteinander vertrug.

Auf den Stadtheiligen von Madrid, San Isidro

Sankt Isidor, Schutzheiliger von Madrid, Beschützer der Nichtstuer,
Sankt Isidor, Ackersmann: nimm mir das Wasser weg und gib mir dafür Sonne.
Sankt Isidor, um des Pflugsterzes willen, den deine Hand nie berühren möge,
Sankt Isidor, nimm mir die Sonne weg, in deren Licht sich die Kanaille entlauste, nimm mir die Sonne und gib mir das Wasser.
Wenn du an den Haaren das Leben zerrst, wie der Raufbold seine Geliebte herumschlägt, es wird für dich arbeiten.
Sankt Isidor, Schutzpatron von Madrid: Schick doch die Engel zum Arbeiten und
laß in allem unsren Willen geschehen.

Biblische Mühsal, sich das Brot zu verdienen, unberechtigte Angst vor der Armut.
Mit dem Kreuz aus ausgebreiteten Armen, wer soll sich da wie eine Windfahne drehen?
Mühsal, sich das Brot zu verdienen: wie der Ring des Saturn, so umschnürt die Welt die Not.
Die Not, Herrin der Schmiede,
Mutter der Kerkergitter und der Torstangen;
so tierisch wie der Fußtritt des Esels in das heitere Gesicht der Müllerin
und so majestätisch wie der Himmel.

Biblische Mühsal, sich das Brot zu verdienen, unberechtigte Furcht vor der Armut.
Seele, wir erben kein Amt – närrische Herrin ohne Sparsinn.
Wenn ich Brot kaufe, geht es zur Neige;
Wenn ich Öl kaufe, geht es zur Neige; laßt uns einen,
laßt uns also einen Strohbesen kaufen.
Wir machen aus dem Stroh
eine Stiege.
Die Stiege soll bis zum Himmel führen.
Und wenn wir fleißig steigen, müssen wir,
einen Fuß vor den anderen gesetzt, dahingelangen.

Alfonso Reyes Monterrey, 1889–1959, gilt als Mexicos größter Humanist in der Geschichte; vielseitiger Schriftsteller in Essay, Drama, Lyrik, Erzählung. Zehn Jahre als Emigrant in Madrid, daher seine Liebe zum heiligen Isidor. Als einer der ersten brachte er den parlando-Stil in die lateinamerikanische Lyrik, mischte Humor und Nostalgie, Elegisches und Deskriptives.

Die schwarzen Boten

Es gibt Schläge im Leben, so hart ... Ich begreife es nicht!
Als schlüge Gott zu in seinem Haß; als trieben sie
der Seele die Brandung alles Erlittenen zu
und stauten sie auf in ihr ... Ich begreife es nicht!

Sie kommen nicht oft, doch sie kommen ... Und reißen
finstere Gräben
ins wildeste Antlitz und in die kräftigsten Lenden.
Wie die Hengste barbarischer Hunnenfürsten
oder die schwarzen Boten, die der Tod nach uns ausschickt.

Die tiefen Abstürze der Gekreuzigten unserer Seele,
eines göttlichen Glaubens, den das Verhängnis lästert.
Blutige Schläge: ein anderes Brot platzt auf
unter ihnen, ein Brot das uns verbrennt an der Ofentür.

Und der Mensch ist elend ... elend! Er wendet die Augen,
es trifft ihn wie ein Handschlag auf den Rücken;
er wendet die irren Augen, und alles Erlebte staut sich,
wie eine Pfütze von Schuld, in seinem Blick.

Es gibt Schläge im Leben, so hart ... Ich begreife es nicht!

Die ewigen Würfel

Mein Gott, ich weine über mein Am-Leben-Sein;
mich drückt es, Dein Brot von Dir genommen zu haben;
aber dieser armselige, nachdenkliche Erdenlehm
ist keine Kruste, gesäuert an Deiner Brustseite:
Deine Marien laufen Dir nicht weg!

Mein Gott, wenn Du Mensch gewesen wärst,
wüßtest Du heute Gott zu sein;
aber Du, Du warst ja immer gut,
von Deiner Schöpfung empfindest Du nichts.
Und der Mensch, ja er leidet an Dir: Gott ist er!

Heute brennen in meinen unheimlichen Augen
Lichter wie bei einem Verurteilten.
Mein Gott, Du wirst nehmen alle Deine Kerzen,
und wir machen ein Spielchen mit dem alten Würfel ...

Vielleicht, he Spieler! wenn um die Weltkugel
die Würfel rollen,
dann werden die dunklen Schattenaugen des Todes auftauchen
wie zwei Trauerasse aus Kot.

Mein Gott, in dieser tauben, dunklen Nacht wirst
Du schon nicht mehr spielen können; denn die Erde
ist ein geiziger Würfel, und ihre Ecken schon abgeflacht,
weil sie so aufs Geratewohl dahinkugelt,
sie kann erst in einem Loch anhalten,
in der Höhlung eines riesigen Grabes.

César Vallejo, 1892–1938, ist Perus berühmtester Lyriker, »der große Dichter der poesía impura« (P. A. Cuadra), mit Einfluß weit über sein Vaterland hinaus. In drei bahnbrechenden Gedichtbänden schuf er neue Maßstäbe wie später T. S. Eliot oder Rilke. Sein sehr hartes Lebensschicksal trieb ihn sowohl sozial-politisch wie auch religiös auf die Seite des Protestes und der bitteren Anklage. Er endete in der Gosse von Paris, nachdem ihn auch die UdSSR enttäuscht hatte.

Wenn meine Stunde gekommen ist

Ich, der ich sah
soviel Schmerz
und Haß
des Menschen gegen den Menschen,
um tiefer Gedanken willen
oder wegen leerer Worte.
Ich, der ich sah die Körper
in den Schatten,
wie sie auflauerten den Schatten andrer Körper,
um den Traum zu töten.
Ich sah die verzerrten Gesichter,
ohne daß der süße Tod
den Haß in den Augen tilgte,
in den geballten Fäusten
und den verbissenen Zähnen.
Herr, ich bitte Dich!
Gott des Ausgleichs und
der fruchtbaren Verzeihung,

wenn meine Stunde gekommen ist,
möge kein Groll in meiner Seele sein.
Und daß der sanfte Tod in
meine Augen lege das milde Licht
eines scheidenden Abends
unter Veilchen.
Und daß eine goldne Ähre
unter dem Himmelsblau
das Schweigen der erhabnen Stunde
feierlich und heilig verkünde,
und nichts Unwirsches
sei um mich – Haß oder Angst –,
wenn meine Stunde kommen wird.

Fernando Paz Castillo, geboren 1893 in Caracas, Venezuela, Nestor der venezolanischen Poesie, verbrachte sein Leben im diplomatischen Dienst, wich also vor den Generälen (und der Diktatur) nach draußen aus. Er wird mit Eloy Blanco, Planchart u. a. zur »Generation von 18« gezählt, die charakterisiert ist durch den Einbruch des Modernismus. Mit 38 Jahren publizierte Castillo seine erste Anthologie, »La Voz de los Cuatro Vientos« (Die Stimme der vier Winde); darin zeigt er sich als ein gemäßigter, geistvoller Neuerer. Der metaphysische Zug verstärkt sich im Alter in der Heimat. Seit 1965 ist Castillo Mitglied der venezolanischen Sprachakademie.

Worte an Gott

Herr:
Ich bin gering, aber ich liebe Dich!
Herr:
Gewißlich ist wahr, daß Du die Welt erfüllst!
Herr:
Gewiß ist jener, der bei Dir ist, nicht allein.
Mut gibst Du meinen Schwingen,
Glauben meinen Schritten,
Begeisterung meinen Gedanken,
Frieden meinen Irrtümern,
Schlaf meiner Unruhe,
Gestalt meinen Zielen.
Schon einige Zeit hat das Ideal mich der Erde entrückt ...
Mein Wille blieb taubstumm.

Hernach ... ging ich allein, um meinen Söhnen zu folgen;
eine Liebe stets für alle, die mich lieben.
Glut war ich, und Glut werde ich sein mit der Inbrunst Deiner Sprache.
Vergiß nicht, mich zu rufen, wenn Du es für angebracht hältst.
Bis dahin dulde mich hier in dieser Welt,
bewegt, aber unter Schmerzen; freigelassen, aber in Ängsten.
(Der Raum wurde zerbrochen;
die Zeit blieb ohne Schranken in der Ebene;
wenn ich einem folgen wollte,
lagerte sich das Nichts, und das ist das Schweigen, über jedem Schatten.)
Nur Dich sehe ich und nur mit Dir spreche ich! ...

Domingo Moreno Jimenes, geboren 1894 in Santo Domingo, ein Nestor der Poesie auf der Insel. Zuerst Neuromantiker, dann realistischer Landschaftslyriker und zuletzt mystischer Bekenner. 1967 wurde er als poetischer Publizist nach einem halben Jahrhundert des Schaffens geehrt. Moreno Jimenes leitete mehrere Zeitschriften. Er gehört zu den »Postumistas«, die überzeugt waren vom »Nachleben« ihrer Gedichte. Stilistisch ersetzten sie den Reim durch »Gefühlsakzente«; ametrische Vorläufer gab es schon.

Gott zeigt sich nicht den trüben Augen

Du hast gezweifelt an Gott, und dennoch,
du trägst ihn in dir ...
Er ist in dir, wie er in allen Menschen ist,
aber in dir, um deinetwillen, schweigt er.

Ich sah dir in die Augen
und mir schien, ich säh' in ihnen
einen seltsamen Glanz, wie wenn deine Seele
sie einen Augenblick entzündet hätte.
Sammle dich in dir selbst, such und schau ...
Und du wirst sehen, daß Gott im Innern war!

»Wie es oben ist, so ist alles hier unten.«
Gott ist allgegenwärtig.

Schau in dich, such zuerst
in dir, ob da ein Himmel ist,
wo der Gott, den du suchst, leben kann;
hast du keinen Himmel, schläft dieser Gott ...

Viele suchen ihn nur oben
und übersehen, daß sie ihn vor ihren Füßen haben.
Gott ist die Fülle aller Dinge,
der spürbare Atem,
der in der Raupe eine Puppe birgt,
damit zu Ihm sie sich erhebe,
der in die Erde Lebenssaft goß, der die
Arten vereint und ordnet;
Er ist es, der die Tauben paart,
und Er schenkt Leben den Sternen wie den Fischen
und Honig den Bienen, und er kleidet
die »Lilien auf dem Felde«;
Er war es, der den ganzen Baum
schon plante im Samen.
Gott zeigt sich nicht den trüben Augen,
sondern so, wie es uns mit dem Brunnenwasser ergeht,
das leicht zu durchschauen,
wenn der bewahrende Krug rein ist.

Rogelio Sotela, 1894–1943, aus San José de Costa Rica, Jurist und Akademiker der Sprache. Er ragt hervor in seinen fünf Versbänden durch tiefes Nachdenken, klare Empfindung und Schlichtheit.

Gedicht des Christen

Weil das Blut Christi
über meine Augen strömte,
sehe ich alles
in Ausmaßen, die niemand ahnt.
Vergangene oder künftige Jahrtausende
gehen nicht an mir vorbei; denn ich wurde geboren und werde wieder geboren;
denn ich bin eins mit allen Geschöpfen,
mit allen Wesen und mit allen Dingen,
die ich alle auflöse und mit meinen Sinnen aufnehme
und verstehe aus einem Geist, der in Christus verwandelt wurde.
Meinen Bewegungen sind keine Schranken gesetzt.
Ich bin überall, ich bin in Gott und im Stoff;
ich bin uralt und wurde eben gestern geboren.

Urschleim trieft von mir, und gleichzeitig blase ich die Trompete des
letzten Gerichts.
Ich verstehe alle Sprachen, alle Handlungen, alle Zeichen,
in mir sind Blutspuren der gegensätzlichsten Rassen.
Ich kann trocknen mit einem einzigen Kopfnicken
den Tränenstrom der fernsten Brüder.
Über alle Häupter kann ich entfalten einen
einigenden Sternenhimmel.
Ich lasse alle Bettler mit mir speisen
und schreite über den Wassern wie ein biblischer Prophet.
Für mich gibt es keine Dunkelheit.
Ich tränke das Auge der Blinden mit Licht,
ich kann meine Glieder verstümmeln oder erneuern wie die Sternfische;
denn ich glaube an die Auferstehung des Fleisches und ich glaube an
Christus,
und ich glaube an ein ewiges Leben, Amen.

Und da ich ewiges Leben habe, kann ich die Naturgesetze sprengen:
auf meinen Gang über die Straße wartet man,
ich komme und gehe wie eine Weissagung,
ich komme ungerufen wie Weissagung und Glaube.
Ich bin rasch wie des Meisters Antwort,
ich bin saumlos wie sein Kleid,
bin mannigfaltig wie seine Kirche,
meine Arme sind ausgebreitet wie sein Kreuz, zerstückelt und stets
erneuert
zu allen Stunden, in allen Richtungen, in den vier der Windrose;
und auf meinen Schultern trage ich es durch
alle Dunkelheit der Welt; denn ich empfing das ewige Licht in meinen
Augen.
Durch das ewige Licht in meinen Augen werde ich zum größten Magier:
ich stehe auf aus dem Maul der Tiger, ich bin Spaßmacher, bin alfa und omega, bin Fisch, Lamm, Langustenesser, bin komisch, versucht und freigesprochen, ich bin auf den Boden geworfen und ruhmvoll erhoben, ich bin gekleidet in Purpur und Linnen, ich bin unwissend wie Sankt Christophorus und gelehrt wie der Heilige Thomas. Ich bin närrisch, ganz närrisch, närrisch für alle Zeiten und immer närrisch mit Gott, Amen.

Und da ich die Narrheit Gottes bin, bin ich der Grund aller Dinge,
die Ordnung und das Maß,
ich bin die Harmonie, die Schöpfung, der Gehorsam,
bin die Reue, bin die Demut,

bin der Verursacher von Leiden und Tod Christi,
bin die Sünde aller Menschen,
ich bin nichts.
Miserere mei, Deus, secundum magnam misericordiam tuam!

Jorge de Lima (Pseudonym), geboren 1895, gestorben 1953 in Rio de Janeiro, Arzt, Jurist, Professor, aber vorab religiöser, poetischer Reformer, dessen modernistische Frühphase spürbar bleibt.

Gott

Der Mensch, zart und grausam, die singende Amsel,
das Wasser, quellend in frischen Magnolien,
die Erde, geschwellt von nutzreichen Metallen,
der summende Kreisel tanzender Bienen;
von hienieden bis hoch zu den dichten Sphären
nur ein Seufzer zu Dir, flehende Bitte;
in Wald und Meer die Elefanten und die Fische,
die Dein rastloser Arbeitswille erschafft;
das Moos, getreulich' Gemsfell Deiner Engel;
die Rose ohne Täuschung, sie sucht der
Liebende wie der träumerische Vers;
die Schönheit und das Gute, die beide nicht zu messen;
die Kohle, überboten im Diamant;
das bewegte Feuer und die beschwingte Luft,
alles dies ist in Dir, all das bist Du, Du bist's.
O Vater des Alls, Vater ohne Grenzen!

Für meinen geformten Körper und die Seele,
die ich zu Dir erhebe in Tagen des Lobes,
für den schweigenden Stein,
für den singenden Fluß –
Dank Dir, mein Herr und Gott, so nötig,
daß selbst das Ungeheuer Dich liebt.

Sonett an Gott

Weil Du mir das Wort gabst, konnte es
verweilen in mir, Auftrag des Alls
in der schlichten Gemme meines Verses,
den ich doch erfahre als glänzenden Schild.
Ich fühl' mich in Deiner Schuld, und zu Dir
eil' ich nachts und am Tage, ungleich erhellt,
in glücklicher Stund', bei dunklem Schimmer des Unheils,
getreulich Lilie und entblößte Pappel.
So neig' ich mich wie Hiob, duldsam,
unterwürfig in büßender Hoffnung,
vor Deinem Schatten, der den Blitz auslöscht.
Ich war Dein Diamant im Feuer der Unschuld,
und nun, schon dunkel die Seele, Deinem Erbarmen
übergeb' ich mich mit der bleichen Morgenröte des Maien.

Juana de Ibarbourou, geboren 1895 im Innern von Uruguay; ihr Vater war spanischer Einwanderer. Mit einem Offizier verheiratet, war sie, wenig über zwanzig Jahre alt, schon berühmt durch ihre Verse. Mit 34 erhält sie den Ehrennamen »Juana de América« vom Parlament ihres Landes. Huldigungen von seiten der meisten lateinamerikanischen Staaten folgen, Zeichen der ungewöhnlichen Popularität einer Dichterin vom Range der Mistral und Storni: sensibel bis leidenschaftlich, tiefsinnig, wortmächtig, Gott und der Erde verbunden.

Murillo

In deiner zarten Farbe
und deiner schönen Gestalt
ist das Fleisch göttlicher
als der Glaube und die Liebe.

Wie Johannes sah dein Künstlerauge
die Glorie,
und du weißt nicht
um die Vergänglichkeit des Fleisches.

Vor deiner Immaculata
und vor deinem Nazarener
ist das Gift des Unglaubens
um so trauriger.

Allein

Du lebtest mit dem Rücken zu deinem Schicksal.
Man bot dir Liebe, und du wolltest sie nicht;
dann Reichtum und Ruhm, und du zogst
vor den Wein des Wissens, der so traurig macht.
Und jetzt, am Ende deines Wegs,
suchst du Gott, von dem du weißt,
daß es ihn nicht gibt.

Ezequiel Martínez Estrada, geboren 1895 in der argentinischen Provinz Santa Fe, gestorben 1964 in Bahía Blanca, südlich Buenos Aires. Wie so oft: ein Mann, der schuftete in zwei Berufen, Gymnasiallehrer und Postangestellter. Dank eines städtischen Preises konnte er sich ein Landgut kaufen, wurde Präsident der Argentinischen Schriftstellervereinigung (1942). Er ging nach Cuba, seine Neigung zu Castro wurde enttäuscht, er verließ Cuba wieder. Vielseitig begabt, hatte er Erfolge mit Gedichten, später Erzählungen, Dramen; er war ein meisterlicher, aber umstrittener Essayist. Für J. L. Borges »der beste Lyriker seiner Zeit«! Das gedankliche Element herrscht vor, ohne das Gefühl zu verdrängen; die Wirklichkeit wird aus metaphysischer Sicht skeptisch betrachtet. Seine Verse erreichen eine Dichte der Aussage wie selten.

Sonette von Gott

Gott erscheint mir in der Stimme und im Tonfall.
Gott begegnet mir in der Rose, von Licht
gekrönt und vom Winde geschüttelt,
Gott begegnet mir in Strömung und Gezeiten.

Gott begegnet mir. Er begegnet mir im Blick.
Gott begegnet mir. Er umhüllt mich mit seinem Atemhauch.
Gott begegnet mir. Mit der Hand, die Welten bewegte,
gibt er auch mir den Antrieb.

Ich bin, von den äußeren Dingen bis hin zu
den inneren, ein Bündel von Gluten,
von Musik, von Impulsen und Aromata.

Und wenn der Gesang mich überkommt, der zu ihm mich geleitet,
erreicht der Gesang in seiner leichten Artung
die Schönheit des Flugs der Tauben.

Über den Regenbogen gelange ich zu Gott,
und auf Körper beschränkt sich der Gesang mitnichten;
denn Gott geb' ich mich in meinem Liede hin,
und in Gott finde ich die Liebe des Unendlichen.

Durch das Lichtmeer steure ich zum Licht;
und im Lichtmeer weile ich durch das Licht,
beglückt das höchste Feuer zu fühlen,
das im Wort sich zum Schrei wandelt.

Dem Regenbogen, dem geheimen Weg,
entströmt die seraphische Harmonie.
Farbe und Licht, sie schaffen mein Lied.

Meßt meine Welt in der vollkommenen Größe;
und ihr werdet sehen, daß in meinem Lied auf die Schönheit
nur die Liebe zum Unendlichen aus mir strömt.

Evaristo Ribera Chevremont, geboren 1896 auf Puerto Rico, lebte fünf Jahre in Spanien, wurde zum Sänger der Schönheit seiner Tropeninsel, verteidigt die inneren Bindungen seiner sprachlich-kulturell bedrohten Insel zum Mutterland. Jugend und der Ruf des Unendlichen sind die beiden Grundthemen seines eifrigen Wirkens in rund zwanzig Gedichtbänden insgesamt. Ribera Chevremont hat sich vom Vertreter eines modernistischen, exquisiten »ultraismo« der zwanziger Jahre zum Repräsentanten der Tradition gewandelt.

PROLETARIER

Ein Esel
steigt den Berg hinan,
langsam und zitternd unter dem Gewicht der Lastsäcke.
(Seine optimistischen Ohren weisen zum Gipfel.)
Ein Maurer
legt Ziegeln, Stein um Stein.
(Sein Werkeln ist eintönig, endlos.)
Gott,
er schafft hart an den Sternen.
(Sein Schweigen ist tief.)

Pamphlet

Ich zerbrach den Regenbogen
gegen meine Brust,
wie man ein Schwert überm Knie zerbricht.
Ich blies die Rosawolken, die blutigroten,
fort, hinweg über den fernsten Horizont.
Ich ertränkte meine Träume,
um die Träume zu stillen, die in meinen Adern schlummern
von Männern, die schwitzen und weinen und toben,
um meinen Kaffee zu versüßen ...

Der Traum, der in der Brust schläft, der von Schwindsucht ausgezehrten
(ein wenig Luft, ein wenig Sonne!);
der Traum, der schläft in den Leibern, die der Hunger preßt
(ein Stück Brot, ein Stück weißes Brot!);
der Traum der bloßen Füße
(weniger Steine auf dem Weg, Herr, weniger Flaschenscherben!);
Der Traum der schwieligen Hände
(Moos ... sauberer Batist ... sanfte, weiche, liebe Dinge!)
der Traum der getretenen Herzen
(Liebe ... Leben ... Leben! ...)

Ich bin der Pamphletist Gottes,
der Propagandist Gottes,
und ich wandre mit der Schar der Sterne und hungrigen
Menschen der großen Morgenröte entgegen ...

Luis Múñoz Marín, geboren 1898 in San Juan de Puerto Rico, ist ein großartiges Exempel für die fast unvermeidliche Verquickung von Poesie, Religion und Politik in Lateinamerika. Sein Vater Luis Múñoz Rivera erwarb sich den Zunamen »Washington Puerto Ricos« im Kampf gegen die Spanier. Der Sohn veröffentlichte schon mit 19 Jahren erste Gedichtbände, trat aber dann als Zwanzigjähriger in die politische Arena als Chef des Partido Popular Democrático, wurde Senatspräsident und Gouverneur – mit politischen Bindungen zu den USA.

In kleinen Verhältnissen

Erbarmen, Herr, Erbarmen mit meinem armen Volke, dessen
arme Leute Hungers sterben!
Jener alte Notar, der seine Tage verlebt
in seiner zwergenhaften, trägen Besorgtheit wie eine Ratte;
jener dickleibige Bürgermeister noch,
der in seinem Leben herumplätschert wie in einer Sauce;
jene säumigen Geschäfte, ohne Wandel seit zehn Jahrhunderten;
diese Ziegen, die knabbern um der Plaza Randsteine;
irgendein Bettler oder Tragtier, die queren grindig, grau
und dürr diese breiten Straßen;
die kalte, verkümmerte Schläfrigkeit des Sonntags,
da man in den Kasinos Billard oder Karten spielt;
der ganze langweilige Haufen leerer Lebensläufe
in diesem alten Nest, wo nichts geschieht,
alles stirbt dahin, verfällt, vermodert;
denn es ist bequem und recht behaglich.

Erbarmen, Herr, Erbarmen mit meinem armen Volk!
Gegen diese schlichten Seelen laß irgendeine
Kanaille los, die in das stille Wasser ihrer Leben
den befreienden Stein einer ungewohnten Schandtat schleudre ...
irgendeinen Spitzbuben, der nachts diese Bank überfalle,
irgendeinen Don Juan, der dieser keuschen Jungfer Gewalt antue,
irgendein Falschspieler von Amts wegen soll sich auf dieses Nest
stürzen und die anständigen, braven Leute erschrecken.

Erbarmen, Herr, Erbarmen mit meinem armen Volke, in dem
die armen Leute sterben am Nichts!

Luis Palés Matos, 1898–1959, vermutlich der bekannteste Poet Puerto Ricos. Zwei Jahre jünger als Ribera Chevremont, wurde er populär als bester heimischer Nachempfinder der Negerseele, obwohl er »weißer Herkunft« war. Er war begabt über die rhythmisierte »poesía negra« hinaus und von großer sozialer Sensibilität.

Jesus, Du hast mein Amerika vergessen

Jesus, Du hast mein Amerika vergessen,
komm doch zur Welt hier in diesem verrückten Lande.
Ist's nicht genug des Hasses? Der Glaube, den Du uns gabst,
brennt noch nicht seinen Lichtfaden aus unsern Mündern.

Wohl gibt es eine große Morgendämmerung hinter einer Felsenwand.
Über dunklen Brunnen wachsen die Fernen ...
Gib uns einen Blick durch unsre Sangesweisen.
Gib Licht in unsre Augen und versiegle unsre Münder.

Es soll keine Diskussionen geben, dafür vollkommene Taten.
Ich weiß (auch wenn Du's nicht sagst), daß Du uns besonders liebst ...
Laß uns wagen wie im Sturm, der zu Deinen Füßen tobt!

Die Liebe wird gewaltig sein! Ist's nicht genug des Hasses?
Über die glühenden Strände wälzt sich Deine blaue Woge,
fegt wirre Zeichen hinweg, und hoch steilt sich ein Sang.

Klagesonett

*Das dritte der »Klagesonette« aus dem Gefängnis von S. Diego, Februar 1930**

Woher das Wasser, das mein Herz überschwemmt?
Warum treibt der Wind mich hin ans Ufer?
Zum See stieg ich hinab – glänzend die Nacht –,
ihm gibt sich mein gleichgestimmt' Herze hin.

Kein Pfad, auch wenn er Wunder birgt,
der nur nach Ninive oder Uxmal uns führt.
Allein die Landschaft Christi** weist zu Toren
jener Stadt, die auch ohne Sonne leuchtet.

Weder Last noch Bindung oder Knoten;
das Herz so frei und so entblößt,
daß Leidenschaften leicht den Sternen gleichen.

Es möge weichen alle Hoffnung und nur
der Glaube und die Liebe weilen.
Dann werd ich wandern über Wogen.

Das bin ich

Ich stamme ab von Olmeken und Maya,
von Spaniern des Gebirgs und vom Meere.
Deswegen wissen die Dinge mehr von mir
als ich von ihnen.
Meine Großmutter von der Mutter her
war eingeborener Rasse.
Mein Urgroßvater vom Vater her war Peruaner.
Ich bin mehr Wasser als Land
und mehr Feuer als Himmel.
In meinen Adern kreist
das uralte Mexico.
Und über die Brücke des Quetzalcóatl
kam ich in den erhabenen Vorraum Jesu Christi.
Christus ist Gott, das übrige
ist nur von gewissem Interesse.
Ich liebe mehr das Wasser als die Erde;
denn es spiegelt wider den Himmel.
Der Wind ist meine Fahne von Natur,
und das Feuer brennt in mir
wie im Herzen der Erde.

Der tierische Haß
wirft sich zu Füßen der Poesie
und ruht einen Augenblick,
auf unsichtbare Chöre lauschend.
Weh' uns,
gäbe es keine Poesie!
Wenngleich die Wirklichkeit, prächtig und einzig
nur in Christus ruht.
Er ist die große, einmalige Liebe,
aus der alle andren stammen.
Ich bin der Bettler in allem,
beschenkt durch seine große Liebe.
Blüte und Gesang.
Bolívar
ist das Hochgebirge meiner Anstiege,
die Welt zu besehen.
In meinem Herzen
ist heiter verborgen
Franziskus von Assisi.

Cuauhtémoc,
riesiger Diamant ohne Tränen,
der alles sah.
In ihm zerstöre und ergänze ich mich.
Was Liebe heißt, ist in meinen Augen:
in der Ebene zur Wolke zu werden.
Wenn am Himmel der Schatten steht,
werde ich wiedergeboren, um nicht zu vergessen.
Sie, die Nacht, lehrt mich,
das Weltall zu sehen.
Hier bin, ich, Träume ausräumend,
auf dem Weg zur Wirklichkeit, der unbekannten.

Carlos Pellicer, 1899–1978 (?), Mexico. Es gibt über ein Dutzend Lyrikbücher des einsamen Einzelgängers, dem »beständiger katholischer Glaube strenggläubiger Richtung« zugesprochen wird. – Aus dem ursprünglich modernistischen »Bilderjäger« wurde ein optimistischer »Adjutant des Sonnenfeldes«, der sich dem ganzen amerikanischen Kontinent verbunden wußte.

Zu seinem »Klagesonett«: * Pellicers Haft war verursacht durch das Regime des Präsidenten Calles, der sich als Kirchenverfolger hervortat. ** 1929 war Pellicer zum drittenmal in Palästina gewesen.

Der Spiegel

Als ich noch ein Kind war, fürchtete ich, daß der Spiegel
mir ein andres Gesicht zeige oder eine blinde
Maske, ohne eigene Art, die etwas sicherlich
Unmenschliches verberge. Ebenso lebte ich in der Furcht,
daß die stumme Zeit im Spiegel
dem Tagesablauf entgleite und den Stunden
der Menschen und dann in seinem grenzenlosen,
unvorstellbaren Bereich neue Wesen
und Formen und Farben einschließe.
(Zu niemandem sprach ich darüber; das Kind ist ängstlich.)
Jetzt fürchte ich, daß der Spiegel aufzeige
das wahre Gesicht meiner Seele,
verletzt durch Schatten und Schuld,
das Gott sieht und das vielleicht auch die Menschen sehen.

Lukas 23

Heide oder Jude oder einfach ein Mensch,
dessen Gesicht mit der Zeit verlorenging;
wir werden auch nicht mehr dem Vergessen
entreißen die stummen Lettern seines Namens.

Von Milde wußte er nur soviel, wie ein Räuber
wissen kann, den Juda ans Kreuz
nagelt. Von der Zeit vorher
erfahren wir heute nichts mehr.

Bei seiner letzten Aufgabe, der, am Kreuze
zu sterben, vernahm er, zwischen dem Spott
der Leute, daß sein Nachbar am Kreuze
Gott sei, und da sagte er, wie blind, zu ihm:

»Gedenke meiner, wenn Du in Dein Reich
kommst«, und die unbegreifliche Stimme,
die am letzten Tage alle Wesen richten wird,
versprach ihm vom schrecklichen Kreuz
das Paradies. Nichts redeten sie mehr, bis
das Ende kam. Aber die Geschichte löscht
nicht aus dem Gedächtnis jenen Abend,
an dem die beiden starben.

O Freunde, die Unschuld dieses Freundes
Jesu Christi, seine Einfalt, die ihn
zu bitten veranlaßte und die ihm das
Paradies brachte, aus der schändlichen Strafe,
sie war es auch, die ihn so oft in die Sünde
fallen ließ und ins blutbefleckte Unglück.

Jorge Luis Borges, geboren 1899 in Buenos Aires, wird seit Jahrzehnten als der bedeutendste Prosaschriftsteller hispanischer Zunge eingestuft. In Europa kam er zu Ruhm seit 1961, da er den Premio Formentor erhielt. Auf den Nobelpreis warten er, seine Freunde und Verehrer, die quer durch alle Lager zu finden sind, seit langem. Politische Maßstäbe verhinderten es. Der frühe und der späte – erblindete – Borges verdienen nicht minder Augenmerk ob des herben, knappen Stils und der zähen Wahrheitsliebe des (weisen) Agnostikers.

Sonett von der Inkarnation

Damit die Seele in Frieden lebe
mit dem vertrauten Stoff
und die gebührende Schuld ableiste,
wandelt sich die Nacht des Menschen in Tag;

damit auf deine und meine Armut
ein einzigartiger Reichtum folge
und damit der unumgängliche Tod
uns überführe in eine dauernde Pracht –

was keinen Anfang hat, beginnt,
was ohne Ausdehnung, begrenzt sich,
der Tag wird zur dunklen Nacht,

der Reichtum schrumpft zur Armut,
das Vorbild aller ahmt uns nach,
der Schöpfer wird zur Kreatur.

Francisco Luis Bernárdez, geboren 1900 in Argentinien, ist der Poet der Abkehr von der radikalen Moderne, Sprecher der Hinwendung zu klassischen Vorbildern wie Johannes vom Kreuz, Luis de León, Lope de Vega im spanischen Mutterland. Rund 15 Gedichtbände. »Mein eigentliches Streben gilt mehr der Religion als der Schönheit.«

Da ist ein Mann allein um zwei Uhr nachmittags

Da ist ein Mann allein um zwei Uhr nachmittags,
er sitzt an einer Plaza,
es ist Sonntag, ein Tag zum Warten.

Er hat sich in seinen Sonntagsstaat geworfen, angetan
mit seinen bürgerlichen Ehrenzeichen: Schuppen,
die den Rockaufschlag herabrieseln.

Starr ist der Blick, das Gesicht unbeweglich,
der Mann ist für sich, allein in der Stadt,
um zwei Uhr am Sonntagnachmittag,
allein in seiner Einsamkeit.

Er weilt hier, ganz ruhig, fast wie versteinert,
während fern von ihm Menschen sind, Familien, Liebespaare.
Er hat daran keinen Teil, ihm bleibt nur sein Sonntag
ohne Boden, doch mit Erinnerungen und Gegenwart.

Er ist allein, um zwei Uhr nachmittags
auf meinem Vorstadtplatz,
den Blick ins Nichts gesenkt.

So allein, daß er einsamer nicht sein könnte.

Ich bitte den guten Gott, daß er von seinem
Lautsprecher
droben im Himmel
zuspielen möge dem einsamen Mann
an diesem Sonntag um zwei Uhr nachmittags
einige Takte Tango,
damit er nicht so allein sei,
so ganz allein, zum Erbarmen.

Nicolás Olivari, geboren 1900 in Buenos Aires, der Stadt, der er ganz verbunden blieb in rund einem Dutzend Bücher, die Hälfte davon Poesie. Für den Altersgenossen Borges ist Olivari »am meisten Dichter von allen, die zu vernehmen sind«. Genial ist es, wie er das Unangenehme, das Häßliche, die Langeweile, auch den Selbstmord zu erfassen weiß.

Aus den Fragmenten von »Tod ohne Ende«

Tan-tan! Wer ist's? Es ist der Teufel,
es ist eine lästige Qual,
ein Begehren, zu verlegen
diese feindseligen Grenzen,
dieses ständige Sterben,
so hartnäckig, diesen lebendigen Tod,
o Gott! der Dich tötet
in eben Deinen Geschöpfen,
in den Rosen und in den Steinen,
im gewaltigen Gestirn,
im Fleisch, das sich verzehrt wie
ein brennender Scheiterhaufen,
durch den Gesang, durch den Traum,
durch den farbigen Anblick.

Tan-tan! Wer ist's? Es ist der Teufel,
ach, eine blinde Freude,
ein Hunger nach Verbrauch
der Luft, die man atmet,
des Mundes, des Auges, der Hand;
dieses stichelnde Kitzeln,
sich gänzlich zu genießen
in einem einzigen Lachen,
ach, dieser leidige Tod,
so dreist, der uns aus der Ferne
mordet, vom Vergnügen her,
das es uns bereitet, ihn zu sterben,
als tränken wir eine Tasse Tee,
als empfingen wir eine halbe Liebkosung.

Tan-tan! Wer ist's? Es ist der Teufel,
es ist ein Tod wie von krabbelnden Ameisen,
die herumtoben,
ach Gott! auf Deinem Totenholz;
die vielleicht Dich dort töteten,
einst vor vielen Jahrhunderten,
ohne daß wir's merkten,
Brosamen, Scherwolle, Asche
von Dir, der Du gegenwärtig bist
wie ein Stern, ersonnen nur seines
Lichts wegen, durch ein Licht
ohne Stern, leer,
das auf die Welt kommt, ihre
grenzenlose Katastrophe verbergend.

José Gorostiza, geboren 1901, gestorben um 1976, war im bürgerlichen Leben Jurist und dann zeitweise hoher Politiker Mexicos, unter anderem Außenminister. Er gehörte zusammen mit Torres Bodet und anderen Neuerern zur wichtigen Poetengruppe »Los Contemporáneos«. Sie wollten stilistischen Schwulst der Modernisten und ihren Drang nach Paris durch betonte Eigenständigkeit ablösen. Gorostizas Grundthemen sind das Wesentliche: Leben, Liebe, Tod, Gott.

»Tod ohne Ende« (Muerte sin fin), das letzte große Gedicht Mexicos, »das rigoroseste Gedicht unserer modernen Dichtung, kristallen und streng aufgebaut« (so das Urteil von Octavio Paz), fand mehr Interpreten als die Werke der meisten anderen lateinamerikanischen Lyriker.

Psalm

Ich bekenne Dich laut als groß und bewundernswürdig,
nicht weil Du die Sonne zur Herrscherin des Tages erhobst
und die Sterne über die Nacht regieren lässest;
nicht weil Du die Erde schufst und alles darin,
die Feldfrüchte, die Blumen, die Kinos und die Lokomotiven;
auch nicht weil Du das Meer machtest und alles in ihm,
seine Tiere, seine Pflanzen, seine U-Boote und seine Sirenen;
ich proklamiere Dich großartig und bewundernswert für immer,
weil Du Dich klein machtest in der Eucharistie,
so winzig, daß ich, schwach und elend, Dich in mir haben kann! . . .

Murilo Mendes, geboren 1901 in Minas Gerais, im Innern Brasiliens. Zwei Gedichtbände sind bekannt, worin sich der ursprünglich humorvolle Poet an der Seite von Jorge de Lima zum Sänger der katholischen Besinnung wandelte.

Spekulationen über das Wort Mensch

Was für ein Ding ist der Mensch,
was steht hinter dem Namen:
eine Geographie?

Ein metaphysisches Wesen?
Eine Fabel ohne Zeichen,
das sie entziffert?

Wie kann der Mensch
sich selber fühlen,
wenn die Welt schwindet?

Wie kann der Mensch
neben einem anderen Menschen bestehen,
ohne seinen Namen zu verlieren?

Verliert er nicht seinen Namen
und das Salz, das er ißt,
vermehrt oder vermindert

es ihm nichts
vom Erbe des Vaters?
Wie wird ein Mensch?

Nur durch Schlafen,
sich paaren, in der Erwartung,
daß dem Unterleib

die Blüte des Menschen entkeimt?
Wie sich selber
machen, bevor

man den Menschen macht?
Bevor man den Vater herstellt
und den Vater davor und einen dritten Vater

und einen noch früheren Vater
als den ersten Menschen?
Was ist der Mensch wert?

Weniger, mehr als sein Gewicht?
Heute mehr als gestern?
Ist er alt weniger wert?

Ist er tot weniger wert?
Einer weniger als ein anderer,
wenn der Wert des Menschen

das Maß des Menschen ist?
Wie stirbt der Mensch,
wie beginnt er zu sterben?

Ist sein Tod Hunger,
der sich selber ißt?
Stirbt er bei jedem Schritt?

Wenn er schläft, stirbt er?
Wenn er stirbt, stirbt er?
Der Tod des Menschen,

ähnelt er dem Gummi,
den er kaut, dem Punsch,
den er schlürft, dem Schlaf,

den er spielt, ungewiß
ob er nah, ob er fern ist?
Wenn er stirbt, träumt der Mensch?

Warum stirbt der Mensch?
Sucht er eine andere Form
des Existierens ohne Leben?

Wittert er ein anderes
unwiederholbares Leben
an einem Horizont des Wahns?

Ermittelt er einen anderen Menschen?
Warum gehen Tod und Mensch
Hand in Hand

und sind die Stunden
des Menschen so erheiternd?
Was für ein Ding ist der Mensch?

Hat er Angst vor dem Tod,
tötet er sich, ohne Angst?
Oder ist's die Angst, die ihn tötet

mit einem silbernen Dolch,
mit einem Krawattenknoten,
mit einem Sprung von der Brücke?

Warum lebt der Mensch?
Wer zwingt ihn dazu,
den schuldlosen Gefangenen?

Wie lebt der Mensch,
wenn es sicher ist, daß er lebt?
Was verbirgt er hinter der Stirn?

Und warum erzählt er nicht
sein ganzes Geheimnis
selbst in versteckter Sprache?

Warum lügt der Mensch?
Lügt lügt lügt
verzweiflungsvoll?

Warum verstummt er nicht,
wenn die Lüge spricht
in allem, was er fühlt?

Warum weint der Mensch?
Welches Weinen wiegt
das Übel auf, Mensch zu sein?

Was ist der Schmerz, Mensch zu sein?
Wie kann der Mensch entdecken,
was ihn schmerzt?

Hat der Mensch eine Seele?
Und wer pflanzte in die Seele
etwas, das sie zerstört?

Wie weiß der Mensch,
was seine Seele ist
und was eine namenlose Seele ist?

Wozu dient der Mensch?
Um Blumen zu düngen,
um Geschichten zu spinnen?

Um dem Menschen zu dienen?
Um Gott zu erschaffen?
Weiß Gott vom Menschen?

Weiß der Teufel von ihm?
Wie will der Mensch
Bestimmung sein, Quelle?

Welches Wunder ist der Mensch?
Welcher Traum, welcher Schatten?
Aber existiert der Mensch?

Neugeburt

Geboren werden: beendet ist der Schlaf der Eingeweide.
Es erscheint das Konkrete,
der Schmerz der aufgeteilten Formen.
Es war so süß, ohne Seele
zu leben, im Schoß
des mütterlichen Schreins, dunkel und warm.
Jetzt,
in der frontalen Offenbarung des Tages,
das Bewußtsein der Grenze,
der bloßgelegte Nerv der Probleme.

Wir untersuchen, erforschen
ohne Antwort:
Bequemt sich auf dieser Seite nichts
der Gelassenheit der anderen?
Ist alles Krieg, Zweifel
in der Verbannung?
Das Ungewisse und seine
kryptographischen Steinplatten?
Ist Leben Sich-Quälen, Sich-Verzehren
im Elend eines jeden Lebensgrundes?

Sieh, eine zweite Geburt,
unverhofft, unangekündigt,
erlöst das Leiden der ersten,
und wieder vergoldet sich die Zeit.
Liebe, dies ihr Name.
Liebe, die Entdeckung
von Sinn im Absurden des Existierens.
Das Wirkliche kleidet sich in neue Wirklichkeit,
die Sprache findet ihr Motiv
sogar in den Würfen des Schweigens.

Die Erklärung bricht aus den Wolken,
aus den Wassern, den unbestimmbarsten Umständen:
Ich bin nicht Ich, ich bin der Andere,
der in mir sein Schicksal suchte.
In einem anderen Jemand werde ich geboren.
Mein Fest,
mein Geborenwerden dringt in jedem Augenblick
aus jeder meiner Gebärden, die sich darauf beschränkt,
Abbild zu sein,
Spiegel,
Ähnlichkeit
einer fremden Gebärde, geöffnet zur Rose.

Carlos Drummond de Andrade (sein Kürzel: CDA) wurde 1902 als Sohn eines Gutsbesitzers in Minas Gerais geboren. Bildungsweg und frühe Berufe verliefen unstet; ab 1934 lebte CDA als Beamter, Journalist und Literat ständig in Rio de Janeiro. Die Aufnahme in die Sprachakademie lehnte er ab. Zwischen 1930 und 1980 verfaßt er rund 800 Gedichte in 20 Bänden. Heute ist CDA der »bewundertste Dichter Brasiliens, ... der größte lebende Dichter portugiesischer Sprache«, für seinen Übersetzer Curt Meyer-Clason sogar »der bedeutendste Poet Lateinamerikas« (wobei man freilich Neruda, Borges, Paz übergehen müßte). CDA berichtet von sich, daß er »wegen geistiger Unbotmäßigkeit« – obgleich Klassenbester – aus dem Jesuiteninternat gewiesen wurde. Dieser Schock veränderte den Weg seiner Studien und den seines ganzen Lebens. »Ich verlor den Glauben, ... ich verlor das Vertrauen in die Gerechtigkeit derer, die mich beurteilten. Dafür gewann ich Leben und einige unvergeßliche Freunde.« CDA neigt als Lyriker zum freien Vers, ist textlich reflexiv, ästhetisch und apolitisch. Obwohl ein Zweifler, war er dennoch imstande, über das Weihnachtsfest eindringlich-besinnliche Verse zu schreiben: vgl. »Neugeburt«. Er kommentierte sie: »Ich bin kein Katholik, gehöre aber kulturell zur Konzeption der Wiedergeburt der Welt oder des menschlichen Wesens durch die Geburt Christi.« Diese und andere Verse sprechen dafür, daß ein Lateinamerikaner zwar den christlichen Glauben verlieren kann, aber deswegen noch nicht ohne Religion sein muß.

Gott

Durch die tiefschwarze Nacht strecke ich meine plumpen Hände,
um Gott zu suchen ... Und auf meinen Mastspitzen hisse ich
das Stillschweigen. Und ich lenke beschwingte Orkane.
Und ich beiße in die Frucht deiner reifen Brüste,
um Gott zu spüren in ihren schwellenden Spitzen,
wunderbar verwandelt in reinen Honig.
Und ich will ihn greifen in der sanften Liebkosung
der Kinder, die wie üppige Äpfel hängen
am Mutterbaum. Und selbst in der blassen Flamme,
von Alkohol angefeuert, deines toten Blickes. Und sogar
in der Lampe, die mir erschloß deine najadischen Schenkel
in jener geweihten Nacht des ersten jungen Weines.
Und selbst an jenem frühen Morgen engelhafter Linnenweiße
deines Todes wollte ich ihn suchen, und im Zittern eines
endlosen Abends mit transparenten Regenbögen
und Osterlämmern von irrealen Herden
und goldenen Schwalben und abendläutenden Kirchtürmen.
Und sogar in den zarten Wolken eines strahlenden Herbstes,
der uns weinen macht, ohne zu wissen, warum ... Blätter aus
ungreifbarem Beryll sind von einer Pappel gefallen.
Tausende von Grillen zirpen eintönig mir ihren Kastagnetten,
und es erstrahlt in zwiefachem Kerzenschimmer ein Leuchtkäfer.

Ich bin ruhig. Ich treibe in feuchten, baumwollenen Tüchern,
da Gott sanft dahinschwindet in meinen Augenlidern.

Gonzalo Escudero, geboren 1903 in Quito, Ecuador, in der dichterischen Führung seines Landes Rivale von Jorge Carrera Andrade, wie dieser Diplomat. Man sagt ihm eine stilistische Verwandtschaft mit dem wildwüchsigen Nordamerikaner Walt Whitman nach. Hier steht er als Zeichen für die Religiosität des Tropenamerikaners.

Bete Du

Meine Gefährtin:
bete du für mich.
Du bist sanft
wie ein Hauch des Windes,
der durch den Äther streicht,
und da du soviele
heitere Worte weißt:
bete du für mich.

Da ich mußte,
lange Zeit,
zu den Menschen sprechen,
wurde meine Sprache rauh,
und ich vergaß die reinen
Klänge des Kindes.

Hingegen du,
Gefährtin mit lauterem Mund,
du verlorest nichts
und immer noch weißt du Worte,
wie sie Gott hören mag.

Ich werde hinausgehen aufs Feld; dort
werden das Ungewisse und das Böse,
und der Sturm des Rabenflügels
meiner harren.
Du aber, meine Gefährtin,
bete für mich.

Dir entströmen noch kindliche Töne,
du erinnerst dich noch
jener heitern Worte,
wie Gott sie hört.

Du vermagst zu sprechen
die Dankesworte
an ihn, der mir Gut und Böse gibt.
Auf meine ungefügen Lippen
haben sich gesetzt
rauhe Worte;
denn seit langem spreche ich zu den Menschen.

Bete du für mich,
meine Gefährtin.
Ich lausche deinem Gebet
und küsse
deinen reinen Mund
hernach.

Antonio Arraiz aus Venezuela, 1903–1962, Historiker, Romancier und Lyriker, sieben Jahre lang als Regimegegner im Gefängnis, in den USA im Exil gestorben. Von Einfluß auf jüngere Generationen; dies auch als Journalist, da er eine der ersten Zeitungen des Landes, »El Nacional« in Caracas, ins Leben rief. Seine poetische Wendung wird von Juan Liscano bewertet als »sonnenhafte Reaktion« gegen die damals bestimmende »Mondschein-Poesie« der Post-Modernisten neuromantischen Gepräges.

Die Verzweiflung

Meine Augen sind geschlossen, mein Gott!
Vor Schmerz weiß ich nicht, wo ich bin.
Es ist sehr spät. Alle sind fort, und
mir krallt sich in die Seele grausam der Schmerz.
Wohin der Blick? Meine Augen, meine Augen!

Wer erstickt in meinem Mund die Stimme?
Ich bin allein, Herr, ich bin allein,
und ich spüre keinen Herzschlag.
Wer ruft nach mir aus dem Schatten? Wer
hört mein Heulen der Wut und des Leids?
Die Ohnmacht zerdrückt mich. Sie kommen nicht!
Aber die schwarze Verzweiflung kommt.
Wen soll ich rufen, Herr, wen rufen?

Vergeblich rufe ich nach Dir!
Meine Finger zerfleische ich für nichts;
denn ich weiß sehr wohl, daß Du in meine Seele
nicht kommen wirst.

Das Schweigen! Das ewige Stillschweigen!
Wer könnte auf meine Schreie antworten?
Und meine Stimme tragen die Winde fort,
und mich verschlingt der Abgrund der Finsternis.

Gautama Christus

Die Namen Gottes und besonders die seines Repräsentanten,
Jesus oder Christus geheißen, wie Texte und Münder bezeugen,
man hat sie gebraucht, verbraucht und liegen lassen
am Ufer zahllos verströmenden Lebens
wie die leeren Schalen einer Molluske.

Dennoch, berühren wir diese Namen, geheiligt
und ausgeblutet, versehrte Blütenblätter,
Ausverkaufstücke von Ozeanen der Liebe und der Furcht,
so ist immer noch etwas da: eine Lippe von Achat,
eine Regenbogenspur, die zitternd erschimmert im Licht.

Während die Namen Gottes gebraucht wurden
von den Besten und von den Schlimmsten, von den
Reinen und von den Schmutzigen,
von den Weißen und von den Schwarzen, von den
blutbespritzten Mördern
und den umloderten Opfern, die im Napalm verbrannten,
während Nixon mit den Kainshänden
die von ihm zum Tode Verurteilten segnete,
während immer weniger, immer winzigere Spuren des
Göttlichen am Strand zu finden waren,
begannen die Menschen die Farben zu studieren,
die Zukunft des Honigs, das Zeichen des Urans,
verzweifelt und hoffnungsvoll suchten sie nach Möglichkeiten,
sich zu töten und sich nicht zu töten, sich in Reihen zu organisieren,
weiterzukommen, rastlos die eigene Begrenztheit zu überwinden.

Wir, die wir diese Zeiten durchquerten, mit dem
Geschmack von Blut auf den Lippen,

von Trümmerrauch, von toter Asche,
und nicht fähig waren, den Blick zu verlieren,
wir hielten oftmals inne vor den Namen Gottes,
hoben sie auf mit Zärtlichkeit, weil sie uns gemahnten
an die Vorfahren, an die Ersten, an die, welche fragten,
an die, welche den Hymnus fanden, der sie verband im Unglück,
und jetzt, die hohlen Scherben vor Augen, Bruckstücke,
ehmals bewohnt von jenen Namen,
fühlen wir diese linden Substanzen,
verbraucht, vertan, von der Güte und von der Bosheit.

Neftalí Ricardo Reyes, mit dem Dichternamen *Pablo Neruda,* geboren 1904 in Südchile, gestorben 1974 in seiner Heimat nach einem Wanderdasein als Diplomat, Flüchtling, Weltbürger, schrieb so gut wie immer als Revolutionär, als Agnostiker und Materialist. Er wurde mit dem Stalinpreis und mit dem Nobelpreis ausgezeichnet.

Zu den beiden hier aufgenommenen Gedichten: »Die Verzweiflung« kam mit anderen Gedichten des zwanzigjährigen, einsam in der Hauptstadt lebenden Studenten erst posthum heraus. Diese Texte unter dem Titel »El Río Invisible« (Der unsichtbare Fluß), Barcelona 1980, sind alten Kollegheften und Studentenzeitschriften entnommen. »Gautama Christus« ist ein Text des späten Neruda, publiziert in dem Gedichtband »Jardín de Invierno« (Wintergarten), Barcelona 1974. Beide Gedichte sind Ausnahmen im Schrifttum Nerudas; sie verraten in der Anfangs- und in der Endphase seines Schreibens überraschend eine religiöse Fragestellung.

Sonett

Ich suche meine Seele jedem Ding anzunähern:
im Tal der erwachten Lilie
oder dem Sand in der Wüstenei, ohne den
Klang der Zisterne oder des murmelnden Brunnens.
Oder dort wo die stumme Spinne
das feine Netz ihres Gewebes ausarbeitet,
und der Baum und der Stein haben miterlebt
die Liebe des Menschen und der Rose.
Wie Jakob, aus seiner Pein entlassen,
aus meiner Engelsschule ohne Klage,
aus dem Fegefeuer, das meine wachen Nächte umgibt,
schaue ich auf die Erde mit gutem Blick;
denn sie ist das Haus Gottes für mein Lied
und für meinen Glauben die Tür zum Himmel.

Auf diese mystische Rose

Eine Rose schwankt in meiner Hand.
Und niemand, niemand hat sie gesehen.
Es ist eine schmerzliche Blüte
wie die Wunde Christi.

Ach, ihre Dornen dringen in mich,
und sie schmerzen mich so tief drinnen,
daß ich nie dieser grenzenlosen Bitternis
auf den Grund kommen kann.
Die Wunde, die mich quält,
wo wird sie ihre Mitte haben?

Manuel Felipe Rugeles, 1904–1959, Venezolaner, seit 1942 lyrischer Autor, mit einigen Bänden hervorgetreten, aber nicht bekannt geworden. Sozial-reformerisch eingestellt, so etwa in einem »Gebet für die Unterdrückten«. In »Puerta de Dios« (Gottestor), an dessen Beginn unser erster Text steht, erreicht er echtes Niveau als religiöser Dichter auf eigenen Wegen.

Vorabend-Gebet

Ich muß mit Dir reden,
Dich mit dem ältesten Namen rufen
und mit den ältesten Worten, die ich weiß:
Jahweh,
Elohim,
Herr Gott,
Vater unser, der Du im Himmel bist.

Ob Du mich hörst, ich weiß es nicht,
ob wichtig, was ich zu sagen habe,
oder ob Du überhaupt dort bist,
um zu hören und vernehmen, was ohne Bedeutung ist.
Zwischen den Konstellationen, den Milchstraßen,
den Sternen, die kommen und gehen,
dem Dröhnen der Wogen der Quasare,
wohin soll schon dringen
die zittrige Stimme eines Menschen?

Dennoch muß ich Dich bitten
für meine lächerlichen Kleinigkeiten,
für meine Verlangen, die eines alten Hundes,
für meine Todesfurcht,
die ich mit stärkenden und strahlenden
Namen überdecke.

Ich bin eine Kreatur,
spüre in mir die Angst, allein fortzugehen
und mich in Schatten aufzulösen,
ich möchte nicht,
gleich den alten, rostbraunen Eidechsen
oder den langsamen, unfertigen Asseln,
daß schon aufhöre die
milde Sonne dieses Nachmittags.

Wir bauten ein Haus,
zogen Kinder auf,
bahnten den Weg, säten aus,
wie wenn wir für immer bleiben wollten.
Vielleicht sollten wir
im Unwetter stehen,
nackt und wachsam,
mit einem Stein und einer Frucht in Händen,
gegenwärtig, daß jede Stunde
die Stunde sei.

Dessentwegen,
obwohl ich all' das weiß,
muß ich mit Dir sprechen,
Deinen so fernen, alten Namen rufen
und Dir sagen die ungeschickten Worte
des Sohnes zum Vater,
die alle sagten,
um von Dir Schutz und Mitleid zu erbitten,
in Erwartung des kalten Schattens, der naht,
vor der Einsamkeit und Angst,
vor der geahnten Nacht des Nichts,
wie wenn ich eine Lampe anzündete,
daß der Wind sie auslösche . . .

Arturo Uslar Pietri, geboren 1905, Venezolaner mit niederdeutschen und korsischen Vorfahren, die schon zu Simón Bolívar ins Land kamen und neben ihm kämpften, somit aus venezolanischem Patriziat. Der Jurist wurde dann Diplomat, Minister, Journalist, er verfaßte Erfolgsromane und Erzählungen; sein einziger Lyrikband erschien 1972.

Testament

Wie im Todeskampf tropft der Takt der Uhr, deren Werk ich
umsonst ausmachte, wenn ich nun auf der Spur der Zeit bin,
in dieser Falle aus Schmutz und Asche, die ich bin.
Ich selbst möchte nicht einsammeln die Reste von
mir, die zurückblieben vom Schweigen, vom
Warten, von den Frauen und von der engelhaften
Neugier auf mich selbst, bis zum Verbrechen entschlossen.
Ich wag' es nicht, die Hand auf mich zu legen, nicht einmal
an den Schatten zu rühren, weil sonst offenbar würde, wie
versehrt und verdunkelt meine Materie ist.
Ich trau' mich nicht, in der Nacht mich zu befragen,
da mein Ohr mir nicht die Antwort des Echos gibt,
die Wiederholung der andern Uhr.
Ich könnte nicht widerstehen, in den Spiegel zu sehen,
aus Angst vor dem fruchtlosen, schrecklichen Selbstmitleid,
das über mich hereinbräche.

Allein die Spuren dieser Zeittropfen in meiner Asche,
der mechanische Fluß des Blutes,
der Haarflaum, der sich steif stellt unter dieser
fessellosen, einsamen Qual, bedrängend wie trockener Regen.
Nur die Gleichgültigkeit
eines Gottes, der mich noch schont
und der mich in eine trunkene Nebelpause
einhüllt. Nur die Verachtung, mich zu vergessen
wie ein wertloses Objekt,
wie herbe Weisen,
Wein ohne Wirkung,
trübes Licht.
Mir blieb nicht mehr übrig als ein Schweigen
worin ich mich einlebe und träume. Ich brach damit.

Und die Worte, alle Worte,
mit denen ich es durchdrang von einem Ende bis zum andern,
sie sind mir entfallen, selbst
die gezierten, die harten, die toten.
Und an Zeit bleibt mir nur
dieser tödliche, ewige Tropfen,

der mir aus allen Uhren nachstellt,
auch wenn sie wächserne Maschinen scheinen.
Und da das Schweigen und das Wort verloren,
schreib' ich dieses Testament,
um dem Wind zu vermachen, was von mir bleibt,
stummer und ferner Zeuge meiner selbst,
Schatten der Einsamkeit, Schatten der Erwartung.

Rodolfo Usigli, geboren 1905 in México D.F., gestorben 1979, im Nebenberuf Diplomat, Botschafter, ist der beachtetste Dramatiker seiner Generation, ein echter Schüler Shaws. Seine italienisch-jüdisch-mexikanische unruhige Universalität drängte ihn zum lyrischen Bekenntnis; nostalgisch-desolat zuweilen, weltschmerzlich getönt à la Velarde und Eliot.

Notizen über Gott

Das abgegriffene Wort »Gott« ist viel mehr als das Wort »alles«, als das Wort »Kosmos«, als das Wort »Wissenschaft«, als das Wort »Macht«, als das Wort »Sein«, als das Wort »Mensch« und als das Wort »Gott« selbst.

Ebenso wie Gott mich schafft, schaffe ich Gott in mir.

Was wir die Atheisten fragen sollten, ist, was bei ihnen die Stelle Gottes einnimmt.

Mit der Furcht Gottes sind die andren Ängste aufgehoben.

Christus ist Gott, der verletzlich ist für alles, was den Menschen verletzlich macht.

Für den Christen heißt es nicht den Übergang vom Affen zum Menschen zu finden, sondern den vom Menschen zum Christen.

Das Evangelium ist viel kürzer und viel leichter zu verstehen, aber schwieriger nachzuleben als das »Kapital« von Karl Marx.

Das Evangelium lehrt die – für die Pharisäer – schreckliche Wahrheit, daß die Sünder bessere Menschen sind als die Gerechten.

Was das Evangelium mit »Welt« bezeichnet, ist das Reich der Lüge.

Emerson sagte, daß man die Bibel erst zuklappen darf, wenn der letzte große Mensch geboren wurde. Man kann auch sagen, wenn Christus wiedergekommen ist.

Der Tod ist der letzte Zweifel, den Gott mir unversehrt zu bestehen helfen möge.

Nur die Heiligen und die Teufel kennen die Heiligen.

Die rein menschliche Intelligenz ist mehr des Teufels als Gottes.

Beten ist wünschen vor Gott und noch mehr Gott wünschen.

Das Gebet für die Toten hat unter andrem den Vorteil, sie unter uns lebendig zu erhalten.

Christ sein ist eine eigene Art, das Leiden zu verstehen.

José Coronel Urtecho, geboren 1906, längere Zeit im Ausland, wurde zum Gründer der »Oberflächen-Poesie« (»exteriorismo«) in Nicaragua, zu deren Meistern Ernesto Cardenal gehört. Coronel wurde ein bekannter Neuorientierer des modernen geistigen Nicaragua, nach seinem Rechtsengagement in der Jugend war er lange unpolitisch-religiös, neuerdings bekennt er sich zur sandinistischen Regierung.

Ich frage Dich, o Herr

Ich frage Dich, o Herr:
Ist dies die Stunde,
oder soll ich warten, daß Dein Sieg
geboren werde aus meinem Tode?
Ich bin nicht wie Deine Heiligen,
Deine Vermählten,
Teresa, Clara, Catalina,
die der Engel in der Schwebe hält
über dem Erdendunkel,
während Dein Hauch
sie vor der Zeit reifen läßt.
Nicht einmal bin ich wie jene,
die Dir demütig folgen
im Tageslauf von Haus und Küche,
aber sie nähren die Hoffnung zu Dir,
ohne von Deinen schweren Entschlüssen zu wissen.

Ich bin, wie ich bin,
ich selbst
immer gleich,
jeden Tag sterbend,
und die traurige Erfahrung
hüte ich wie Karten in Schachteln;
immer gleich im Haar, mit der Zunge
und dem Umtrieb mit Deinem Namen;
ich mach' ihn, um mich zu hören.
Und Deine Liebe erwacht in mir jeden Morgen,
ich kaue Deinen Körper wie
ein Hund seinen Knochen!
Und nichts hat mich verändert.
Jeder Akt der Liebe, Klage, des Zorns
reißt mich in das Tal der Schatten,
Schwerter, die mich und Dich durchdringen.
Mit allem, was ich war
und was ich hoffe,
wird meine Seele versengt.
Und sie bleibt ohne Glanz.

Clara Silva, um 1910 in Montevideo geboren; Autorin von mehreren Gedichtbänden in zwei Jahrzehnten, ist sie wenig über Uruguay hinaus bekannt geworden, verharrt zwar in der herkömmlichen Sprache, nicht jedoch in der gewohnten Gefühlsskala.

Meine gliebte Carmen Ana Maria

Sprich statt meiner zum Herrn Jesus Christus,
er möge dich doch einen Augenblick kommen lassen,
nur ein kurzen Augenblick nieder auf Erden;
und vergiß auch nicht,
ihm meine liebevolle Erinnerung darzubringen
durch eine herzliche Umarmung.
Flüstre ihm zart und leise ins Ohr,
daß ich es als meine Pflicht ansehe, dich zurückzugeben
in der Stunde, die er wünscht,
keine Minute mehr,
keine Minute weniger.

Sicher wird Dir diese
kleine Vergünstigung
nicht schaden,
weder bei den Engeln, noch bei den Heiligen.
So winzig ist die Zeitspanne,
daß man sie kaum richtig unterbringen
könnte im Blick auf eine Rose!
Sag dem Herrn Jesus,
daß ich seine großzügige Freundschaft
und seine vielen Hulderweise nie vergesse,
daß ich ihm aber diesen danken werde so sehr,
daß mir die Stimme fehlt, es ihm zu sagen.
Besser als ich weiß er es selbst;
denn er sieht mir ins Innere,
und mein Sein ist Glas für seine Augen.

Du wirst die Dinge vorfinden, wie wenn du nicht gestorben;
denn im Reich der echten Liebe
stirbt nichts, und du lebst in
meinem ewigen Schmerz ohne Anfang und Ende.
Alles erwartet dich hier:
die Kuh und der Hund, die Nachtigall
mit ihrem traurigen Liede,
Deine Kleider, deine Schmucktüchlein, deine Armbänder,
deine weißen Handschuhe, deine Lieblingsparfüme,
und jene Haarlocke, die du mir als Liebeszeichen schenktest.

Und wenn du kommst auf einem Sternenpfad
in einem Strahlenwagen von Leuchtkäfern gezogen,
kleide dich warm, Geliebte, vergiß nicht,
daß dir die Kühle schadet.
Und zuletzt, laß mich bei Zeiten vom Monde wissen,
wann ich dich holen soll
im blauen Flughafen, wenn der Eibisch blüht.

Cesareo Rosa-Nieves, geboren um 1910, zählt zu den lyrischen Altmeistern Puerto Ricos, Autor einer beträchtlichen Zahl an Gedichtbänden; nicht überragend, aber bezeichnend für die herzliche Einfalt der Religion dortzulande.

Rückkehr zum Engel

Ich dachte ihn mein, weil er an meiner Seite war.
O daß ich nicht sah, wie seine Finger Flügelspitzen waren?
O himmlisches Geschenk! O süßes Pfand!
Schwindender Schaum, am Strande aufgelöst.

Wie daß ich nicht sah seine Augen, den Äther erforschend,
eräugend Welten, die uns unbekannt?
Ungeahnte Musik strömte in seinen Adern.
Auf der Flöte, auf dem Piano erklang seine Fuge.

Woran es lag? Ich verstand mich nicht auf die sanfte Weise,
die unendliche Zartheit im Umgang mit einem Engel.
Meine irdische Rauheit konnte seine Schwingen verletzen,
konnte seine Augen trüben, die dem Wasser gleich.

Der ganze Tod ist in seinen leeren Kleidern,
den verbliebenen Schuhen, in seinen zerlesenen Büchern,
im stummen Metall alter Münzen,
in den verschlossenen Türen, in nächtlichen Geräuschen.

Er aber schwebt in den Lüften, goldne Fäden ziehend,
schützend und triumphal, strahlender Treugeist.
Was wir für ihn nicht taten, er tut es an unser Statt,
die Fäden webend mit seinen Schwingenfingern.

Ich bin der Vater ohne Sohn, bin sein irdischer Vater,
da er zurückkehrte ins Haus seines Himmlischen Vaters.
Größer als das Staunen über seinen Verlust
ist das Wunder der Zeit, da wir ihn lebendig hatten.

Gott säte ihn in meine Augen, seine Hand entriß ihn mir.
Er nahm ihn zurück in den Reigen seiner geliebten Seelen.
Himmelsmitbewohner, entlaufener Durchreisender.
Wie erhaben sah ich Gott durch meine Tränen!

Aber es gibt einen neuen Tag hinter meinem Tode.
Aber es gibt einen neuen Tag jenseits der Sterne.
Und er wird mir entgegengehen, wie in unsrer Straße,
die Flügel ausbreitend, wie er die Arme öffnete.

Julio Barrenechea, geboren 1910, stammt aus Südchile wie der sechs Jahre ältere, berühmtere Pablo Neruda. Gleich ihm im diplomatischen Dienst seines Landes, u.a. als Botschafter in Indien, in der Akademie der Sprache und Präsident der Schriftstellervereinigung. Rühriger Lyriker (acht Bände), Nationalpreisträger von 1960; ausgewogen im Stil, ausgeglichen im Ton, weder Neuerer noch Traditionalist: mehr als ein Freizeitpoet.

Christus am Abend

Es war zu der Zeit, da der Mohn schon ausgereift war,
da das Veilchen vorzeitig verblühte.
An diesem Ort, vor der Pforte der nächtlichen Kirche,
wo Mutter Abend, grauhaarig, gestützt auf ihre Ruhe,
ihre einzige Münze zu fassen sich bereithält.
        In dieser Stunde.
Der Ruf kommt von Emmaus, von andren Abenden,
von unvergessenen Stränden, von Dörfern:
»Seht, wie ich im Herzen vereine alle die Dinge, die zurückkehren.
Ich rufe. Ich schare um mich in dieser Stunde die Gesichter, die
zurückkehren mit einer zeitlichen Fessel – einigen eingestürzten Stunden –
auf der leuchtenden Jugend des Morgens.
Seht, daß ich rufe die Häfen, ich fordere die Gestade,
wohin zurückkehren die Seefahrer, noch feucht vom Meere,
von den wasserreichen Fluten, der Mühsal der Flüsse.
Die Nachtlager,
die hängenden Nester,
die hohen schwanken Palmen der Goldamsel,
die gähnenden Höhlen der Füchsin und des Kauzes,
jede Stätte, die aufnimmt. Ich trage es sanft im Herzen,
nehme Erinnerungen auf,
vernehme die Heimkehrgesänge.«
»Ich schicke mich an, die erwarteten Schritte zu sammeln,
das glückliche Nahen des Wiedersehens,
Mütter, die nur noch Augen sind, fragende,
junge, federlose Singvögel mit ihrem Geschrei, saugende Jungfüchse
und jene mit Vorzug Genannten;
denn ihre Heimkehr welkt an der Verlassenheit. –
Ach, ich bin gekommen. Ich komme mit ihnen.
Seht, daß ich sie alle begleite bei soviel Heimsuche.
Seht meine Brust, offen als Nachtlager,
schmerzlich zerrissen, um dir Ruhe zu schenken am Abend.
Vernehmt meinen Ruf.
        Meine Stimme ist es, die aus diesem schwirrenden Vogel spricht.
Dort klingt sie auf: in der Rose, bereit, ihren Auftritt zu beenden,
in dieser Vaterhand, die sanft über die Stirn des Kindes gleitet,
im geregelten Feuer des Brotbackens,
in der Wärme der Liebe, die wiederaufnimmt.
Ich bin der Aufgang und der Heimgang.

Für euch, die ihr die Sonne niedersinken seht und die euch das Schweigen
 schluckt,
Enterbte, Armselige in der Irre,
für euch, die am Rande stehen,
Verlassene in der Dämmerung, Wanderer ohne Ziel –
das ist die Stunde, in der auch ich herabstieg zu meiner Niederkunft.
Mit euren senken sie meinen Körper hinab,
und ich teile mit euch meinen letzten Abend.

O kommt doch! Aus meinem Herzen floß alles Blut,
um Platz zu machen den Menschen, die ihren Kummer hineinlegen!«

Pablo Antonio Cuadra, Nicaragua, geboren 1912, des berühmteren Ernesto Cardenal bescheidener Vetter, kaum minder begabt; tätig als Journalist, Essayist, Literaturkritiker, Dramatiker, Anthologist und vor allem Lyriker von Graden. In seiner frühen Jugend politisch konservativ engagiert, unterläßt er heute politisches Wirken – außer als literarischer Leiter der einzigen Oppositionspresse, »La Prensa« in Managua, ein gefährlicher und gefährdeter Posten. In seiner künstlerischen Arbeit müht er sich um Land und Leute, sieht hinter die Dinge, ist also das Gegenteil eines »Exterioristen« wie Ernesto Cardenal.

Bitte an Jesus von der Freigabe

Jesus von der Freigabe,
stehend auf dem Herzen unsres Volkes,
höre unsre Bitte, auf den Knien vorgetragen,
sieh auf unsre Angst, unsre Tränen,
die fließen wie bettelnde Flüsse.

Höre unser stummes Gebet.
Zeige die reine Palme einer Absicht,
eingezeichnet in unsre Sombreros
wie die Gedanken der Scharen braver Indios.

Denn alle, die Dir und Nicaragua treu sind,
sind versammelt,
um Dich zu bitten, Du mögst uns auslösen und erlösen.

Alle unsre Blicke sind gerichtet auf Popoyuapa,
sie betreten Deine Kirche, müde von allen den Wegen.
In das weiße Haus Deiner Wunder,

nur um wieder aufzublühen unter Deinen Händen.
Wir sind, o Herr, die gleichen wie früher.
Deine Kinder aus den Segovias, die die Gebirge erstrahlen sahen;
traurige Menschen aus dem Osten, aus dem Bereich der wasserreichen
Flüsse;
wackere Landleute aus den Grasebenen von Chontala,
die sogar den Wind zu zähmen wissen;
junge Bauern aus dem Westen, unstete Schiffer von den Seen;
Hirten aus Meridion, die wir Dich zum Patron unsrer Ängste machen,
alle, Herr, sind wir hier und sprechen zu Dir,
alle, Herr, bitten wir Dich gemeinsam um eine Gunst,
die größte von allen, die Deine Gnade gewährte;
jene, die sprießt in den Früchten und Blumen unsrer Felder
und das Leben mit der Laute der Freude erheitert.

Alle, Herr, kauern wir bettelnd zu Deinen Füßen,
möge doch unser Unheil auf allen Wegen gestillt werden,
das nur die Leuchtkäfer als einzigen Zeugen hat.
Vereint in der gleichen Demut rufen wir Dich an
aus den fernsten Winkeln dieser Erde,
die immer verraten wurde,
bis heute gemartert,
bittend Dich um diese Gunst für unser Volk:
Rette uns! Erlöse uns!

Alberto Ordóñez Argüello, geboren 1913 in Rivas in Nicaragua, Journalist, Redakteur, Dramatiker, Lyriker, fast drei Jahrzehnte als Gegner der Somoza im andern Mittelamerika. – Dieses Exilpoem macht ahnen die Not unter der langen Diktatur, die fromme Heimatliebe der »Nicos«, die im Ausland sich trafen – bis 1979 ein blutiger Bürgerkrieg dem Alpdruck ein – vorläufiges – Ende machte. Das Gedicht ist schlicht, unbedeutend, aber charakteristisch für die Lage.

Halt inne auf Deiner Flucht

Mein verzweifeltes Gebet
folgt Deinen Spuren
im Tumult der Hitzen
und der Schmerzen.
Es werden Dich verfolgen überallhin
mit ihrem Feuer meine Worte.

Im zitternden Angstschrei
werden Dich meine Flammen küssen.
Wohin mag noch gehen, sich zu
verbergen, Dein Geheimnis?

Wohin Du auch fliehen magst,
beharrlich folgen Dir meine Wünsche
unter Stöhnen.
Du magst unbekannte Gipfel ersteigen,
reiten auf dem Rücken der Stürme,
unendliche Horizonte durchmessen,
im Schoß der Wüste untertauchen.

Das zählt nicht! Wo immer Du auch seist, ich schwöre Dir ...
meine Klagen werden Dich immer suchen.
(Je mehr Du Dich flüchtest in das Reich der Schatten
oder Dich emporschwingst in die Unzahl der Sterne,
immer wird Dir nachstellen und folgen
mein Jammer ...)
Halt inne für einen Augenblick den Lauf
Deiner Flucht in Blitzen.
Reich meinen Lippen
Deinen Nektar!

Juan Quirós, geboren 1914 in Cochabamba, Bolivien, Priester, Mitglied der bolivianischen Sprachakademie als Kritiker und Literat, hat u. W. einen Gedichtband veröffentlicht.

BETRACHTUNG CHRISTI IN DER KARWOCHE

In Erinnerung an Gabriela Mistral

Ich sah Dich angenagelt. Das Angesicht vom Lichte abgewandt.
Auf dem Holze liegend, an den Nägeln hängend.
Todesast, wie ein sterblicher menschlicher Körper,
verhalten, geschändet, vergänglich.

Kaum daß Du solchem glichest. Ein wahrhaftiger Mensch,
nichts Göttliches mehr, so ganz Mensch. Ohne Geist. Festgehalten
wie eine gewöhnliche Kreatur in der gebührenden Strafe.
Wenn schon die Menschen urteilen, dann wird selbst Gott zum
Gefangenen.

Wie lange wirst Du in dieser mißlichen Lage sein? Vielleicht ruhen die Toten nicht, die Einsamen, unter freiem Himmel, unter der Erde, in nichts zerfallen?

Nie waren die Menschen grausamer als mit Dir.
Immer noch, für die Dauer der Jahrhunderte, halten
sie Dich angenagelt am blutigen Opferkreuz, aufrecht!

Die Stadt in Momentaufnahme

Die Kirchen sind
der mystische Inselarchipel.
Ach, ein Vergnügen im Gebet,
ihr bewegter einsamer Dornbusch,
dessen Flamme anstrahlt
das ungekannte Gesicht der Allmacht.
Die Türme weisen hinauf in die Lüfte,
die flehenden Bitten,
ihren säkularen Augenblick wiederholend.
Und ein klingendes Atrium öffnen die Glocken,
wandeln den Altar ins Vielfache.

Außen vollzieht die Sonne an ihnen
ihren langen goldnen Ritus.
Der Mond umgibt sie mit der Aureole
eines nächtlichen Schaugebildes.
Holz spendet seinen Schatten für diese Geste.
Jeder Stoff leistet seinen sterblichen Lehensdienst,
hebt hoch seine bunten oder duftenden Vorzeigstücke.
Draußen wartet Lazarus auf das Öl der Pharisäer.
Der symbolische Stein ist es,
der die Kanzel trägt,
von denen aus die Jahrhunderte ihre
Gespräche führen mit
Jesus Christus.

Luz Machado, Lyrikerin in Caracas, Venezuela, geboren 1916 in Ciudad Bolívar im südlich-tropischen Venezuela, trat seit 1941 mit vierzehn Gedichtbänden an die Öffentlichkeit. 1946 erhielt sie den Premio Municipal de Poesía, 1980 kam in Caracas ein Auswahlband ihrer Dichtung (360 Seiten stark) heraus. Sie singt in ihren Versen als liebende Frau und Mutter, als umsichtige Hausfrau und widmet sich den Reizen ihrer Stadt Caracas wie der geheimnisvollen Natur um den Hauptfluß des Landes: »Canto al Orinoco« (Gesang an den Orinoco, 1953). Sie bevorzugt den reimlosen Vers und artikuliert sich in kraftvoller, persönlicher Sprachform.

Bittgebet eines schwarzen Jungen

Herr, ich bin sehr müde,
ich kam müde zur Welt;
ich bin viel gegangen seit dem Morgenruf des Hahns,
und nach ganz oben zeigt die dicke Lippe, die zu ihrer Schule weist.
Herr, ich will nicht mehr in ihre Schule gehen.
Mach, ich bitte Dich, daß ich nicht mehr in diese Schule muß.
Mit meinem Vater will ich zu den frischen Wasserfällen wandern,
wenn die Nacht noch über dem Geheimnis der Wälder hängt,
wo die Geister umtreiben, die der Morgen verscheucht;
ich will barfuß gehen auf den rotbraunen Wegen,
die glühen unter der flammenden Mittagssonne;
ich will meine Siesta halten unter den buschigen Mangobäumen
und will aufwachen,
wenn unten die Sirene der Weißen heult
und dann in der Zuckerpresse
über dem Meer von welligem Rohr,
wie ein Schiff vor Anker,
ausspeit aufs freie Feld ihre schwarze Mannschaft.
Herr, ich will nicht mehr in ihre Schule gehen.
Herr, ich flehe Dich an, mach, daß ich nicht mehr in ihre Schule muß;
wenn sie auch sagen, daß ein kleiner Neger in die Schule gehen soll,
damit er einmal so werde wie
die Herren aus der Stadt,
so wie diese wohlerzogenen Herren.
Aber ich will kein Herr werden, wie sie sagen,
ein Herr aus der Stadt,
ein wohlerzogener Herr.
Ich will lieber durch die Zuckerrohrfelder streifen,
wo die trockenen Strünke sind,
geschwellt vom braunen Zucker, so wie meine Hautfarbe;

ich will lieber nächtens, wenn der zärtliche Mond
leise ins Ohr der schwer tragenden Kokospalmen flüstert,
lauschen dem, was im Dunkel
die brüchige Stimme eines Alten erzählt, der berichtet,
vom Schmauchen seiner Pfeife unterbrochen,
die Geschichte von Zamba und dem Gevatter Karnickel,
und noch viele Sachen,
die nicht in den Büchern stehen.
Die Neger, Du weißt es ja, arbeiten zuviel,
weil sie obendrein aus den Büchern lernen müssen,
worin Dinge stehen, die nicht von hier sind,
und außerdem ist ihre Schule zu traurig,
so traurig
wie diese Herren aus der Stadt,
diese so wohlerzogenen Herren.
Aber sie können nicht tanzen nachts beim Mondschein,
und sie können nicht gehen mit den Fußsohlen auf dem Boden,
noch verstehen sie es, Geschichten zu erzählen abends in der Runde.
Herr, ich will nicht mehr in ihre Schule gehen.

Guy Tirolien, geboren 1917 auf der Insel Guadaloupe, gehört zu den besten Namen der frankophonen Karibik. Er studierte im führenden Pariser Gymnasium Louis le Grand und diente in der Verwaltung von Französisch-Afrika. Im Zweiten Weltkrieg lernte er im deutschen Kriegsgefangenenlager den bedeutenden Lyriker aus Senegal, Leopold Sedhar Senghor, kennen und wurde von ihm geistig befruchtet. Tiroliens Poesie gilt allgemein als komplex (nicht in unserer Probe), harmonisch in ihrer Vereinigung von Phantasie und Kraft - ein Exempel der erwachten»négritude« im romanischen Amerika.

Gegen den Tod

Jeden Tag, der vergeht, reiß' ich mir aus die Visionen, reiß' ich mir aus die Augen.
Ich will nicht, ich kann nicht die Menschen jeden Tag sterben sehen.
Lieber will ich Stein sein, Dunkelheit werden,
als den Ekel ertragen der inneren Beschwichtigung und
nach links und rechts lächeln, damit ich in meinen Geschäften vorankomme.

Ich habe nichts andres zu tun, als hier die Wahrheit zu sagen,
mitten auf der Straße und in alle vier Himmelsrichtungen:

die Wahrheit, daß ich am Leben bin, einzig lebendig,
mit beiden Füßen auf dem Boden und mit freien Knochen auf dieser Welt.

Gott nützt mir nichts. Niemand bedeutet mir etwas.
Aber ich atme, und wie, und ich schlafe sogar,
ich stelle mir vor, daß es zehn oder zwanzig Jahre dauern wird, bis ich hingehen werde,
um, gleich allen, eingemauert in Zement unten in zwei Meter Tiefe zu schlafen.

Alles ist zwecklos.
Denn ich selbst bin ein nutzloser Tropf, dem man den Kopf
abschneiden mag, da er es nicht verstehen will, was das heißen
soll, von dieser Welt aus eine andre zu erwarten.

Man erzählt mir von Gott und von der Geschichte. Darüber muß ich
nur lachen, wenn man so weit herholt die Erklärung für den Hunger,
der mich auffrißt, den Hunger, wie die Sonne zu leben
in der Schönheit des Äthers, ewig.

Gonzalo Rojas, geboren 1917 in Lebu, Chile, hat seit 1948 sechs Gedichtbände veröffentlicht. Bezeichnend für ihn ist der Titel von 1948: »La miseria del hombre« (Das Elend des Menschen) und ähnlich der von 1964: »Contra la muerte« (Gegen den Tod). Schon in früher Jugend war für den harten Mann Poesie und deren Pflege eine Zufallsentscheidung: Wenn das in den Holztisch gehauene Messer zitterte, schrieb er; falls nicht, ging er ins Freie. Von seinen vier Bänden in der Ära Pinochet erschienen drei im Ausland (Madrid, México D.F., Caracas).

Manchesmal

Manchesmal ... dringt das Geheimnis in mich
mit Schmerz ohne Grenzen. Meine Stummheit fließt
ins Breite und schwillt in mir mit Stimmkraft;
aus meiner Haut bricht Gesang, und meine Augen
sind Worte stummer Lieder.

Aber ... mein Gott, wie allein bin ich dabei,
wie fremd mir selbst und fremd meinem Schatten ...

Nocturno

Schweigen der Sterne in der Nacht,
Besorgtsein vor dem Meer, Schlaf auf dem Strand,
ruhende Zeit, getaucht in Traum,
Laut, verfestigt im Ohr.
Gott wacht in seiner Ewigkeit:
er weckt die Wasser, regt an die Samen,
bereitet dem Menschen die Mühsal.

María Teresa Sánchez, geboren 1918 in Nicaragua, wurde zur ersten Literatin des Landes: als Gründerin und Leiterin eines Verlages, Anregerin durch ihren Salon und selbst Autorin von vier Versbüchern. Darunter 1964 »Poemas agradeciendo a Dios« (Gedichte des Dankes an Gott).

Jeder ist Hiob

Da gibt es einen Punkt,
ein neues Datum,
an dem das Mißtrauen umspielt
das, was wir für sicher hielten,
das Glück des Herzens
und den Gehorsam gegenüber
Angst und Beben;
es ist, wie wenn man zum Spiel
anböte, aus uns Opfer machte,
vorbestimmte, ausgelieferte,
gerüchteweis',
daß es uns zukomme, zu sühnen,
die geläufige Münze zurückzugeben,
die Fülle von Körper und Blut.

Opfer der Hingabe dessen,
was wir empfingen.

Hier liegt auf der Hand,
daß dieses harte Beispiel
klarlegt jenes Verhängnis,
im Elend zu leben und

es nicht überwinden zu können,
ein Stoß der Mahnung,
mit der ganz sachlichen Realität jedes einzelnen;
aber schon abgeschwächt
durch die hundert und tausend Formen,
die nach Farbe und Art sich unterscheiden,
die einmal in ihrer Fülle vorhanden waren,
Tropfen unsres Hochmuts,
und jetzt Räude und Wunde,
die nicht austrocknen, nicht heilen;
verwirrend ist es,
von hinten zu berühren
die nebensächliche Sinnfälligkeit
unsres Hinübergehens.

Der große Streitfall, der des Hiob,
hat seinen Anfang genommen.

Alberto Girri, geboren 1919 in Buenos Aires, anerkannt als eifriger Übersetzer, Maler und Dichter, Repräsentant seiner Generation. »Seine Zwiesprache mit dem Göttlichen ist ein verzweifeltes Turnier der Redekunst, eine Reihe von Fragen, für die der Autor schon im voraus die Antworten eingeplant zu haben scheint« (Ofelia Kovacci). Girri verdient mehr Beachtung: er ist ein imponierender Vertreter des geistigen Reichtums seiner Metropole, des Landes und des Kontinents.

Décimas (Zehnzeiler)

Ich will Dich in den Dingen finden;
ich nötige Dich, daß der Himmel sei,
ich will den Schleier lüften,
hinter dem Du unsichtbar ruhst.
Ja, Dein Fernsein verfolgt mich,
Dich nicht zu sehen, empört mich.
Bald aber steht in mir
etwas Seltsames auf,
zu Dir trägt mich
stummer, neuer Glaube.

Dunkel, fern, abgründig,
verschlossen, unwandelbar,
unverwundbar, niederwerfend,

verzehrend, fremd und kalt;
so empfind' ich Dich, mein Gott,
wenn ich allein in Ängsten bin,
mich verzehr' in blinder Suche
nach Fülle der Vollendung,
um zu brechen diese Sklavenfessel,
zu der ich verdammt ward.

Guadalupe Amor, geboren 1920 in Mexico, Autorin von einem halben Dutzend Gedichtbänden, ist eine prominente religiöse Dichterin. Ein bezeichnender Bandtitel lautet: »Gott als Scheiterhaufen dienend«.

Epistel

Brüder: vernehmen wir das Wort
gleich neugeborenen Kindern!

Am Uferstrand,
angesichts des unendlichen Meeres, Brüder,
laßt uns teilnehmen am Geheimnis Gottes.
Von diesem Winkel des Universums aus
wollen wir zu ihm gelangen
mit unsrem Erstaunen
kleiner Kristalle.

Der große Brückenbauer
feiert die Liturgie der Leuchtkäfer
und der bedächtigen Wellen;
er spricht zu uns in der seidigen Fülle der Blumenkrone
wie im Brand der Gebirgssteppe.

Hören wir auf Gott, Brüder,
im Rausch der Schönheit:
im sanft tönenden Rhythmus
des Regens;
in der hellen Harmonie des Windes,
in der grünen, roten, blauen Liturgie
auf dem Altar der Schönheit.

Hören wir auf den Herrn
im goldglänzenden Tanz der Biene,

die ihre Primizmesse zelebriert
auf dem Kelch einer Distel.

Ein feingeplanter, schmuckstrahlender Tempel ist das Universum.

Angst erregt das Abbrennen des Nachmittags,
wie leicht könnte er auseinanderbrechen.

Oh, die zarte Liturgie des Abends,
die lilafarbne Liturgie,
die kleine Liturgie einer Wolke
in der himmlischen Zeremonie der Abendfeier!

Furcht jagt ein die Nacht, wenn sie
streichelt ohne Hände;
denn ihr Duft kann entfliehen:
Gottes milder Wohlgeruch.

Wir vernehmen das Gebet der Glocken,
wenn die Morgenröte sich färbt;
denn unsre Lippen nehmen an den
Geschmack von Bronze.
Man wagt es nicht, einzubrechen
in die Musik, über die Blumen fließen:
Gott selbst feiert sein Hochamt
unter den hallenden Gewölben der Engel,
inmitten der Gemälde der Vögel.

Gekleidet mit dem roten Meßgewand der Tropen
waltet Gott am Altar!

In der unermeßlichen Ebene!
Auf der weißen Blume des Schneeteppichs
singt er seine Messe!
In der Wasserlilie!

Auf den Gebirgskämmen,
dort wo das Schweigen
eine Hand ohne Finger und ohne Augen ist,
wo die Einsamkeit
eine Mutter ohne Antlitz und ohne Rockschösse:
dort zelebriert Gott sein Hochamt!

Stille! Gott steht am Altar.
Es schweige das Getriebe der Welt,
es schweige jegliche Materie, die schmerzt.

Im Tempel ist kein Ort
für soviel Schmutz!

Gott spricht im Lachen,
im reinen Quellen einer Träne,
im gehauchten Fächerschlag eines Seufzers.

Aber auch im blauen oder schwarzen Abgrund
ist Gott am Wirken!

Unter seinem Gesang
rieselt Wasser und leuchten die Sterne,
um den Garten der Widerwärtigkeit zu benetzen.

Das Geheimnis seines Wortes
wohnt inne
dem Worte des Jacarandabaums,
dem Worte des Stauweihers,
dem stummen Worte
eines Mondstrahlschimmers!

Weh' dem, der auf das Wort nicht hört!
Weh' jenem, der blind und taub!
Jener, der Gott nicht vernimmt
im Lied der Graumeise,
er sei verflucht!

Wer Gott nicht sieht in einer Rose,
er sei verdammt!

Es sei vertrieben aus dem Garten der Schöpfung,
es sei verwünscht, hinausgestoßen
mit einem Mühlrad um den Hals,
wer nicht mit entbrennt in der feierlichen
Liturgie Gottes an seinen Geschöpfen,
durch alle Jahrhunderte hinfort!
Dank sei Gott!

S.O.S.

Dieses alte Schiff
ist voller Narren.

Es dreht sich ewig im Kreise,
treibt im Dunklen,
ohne Ankertaue;
denn die Menschen, sie unterbrachen die
Strömung der Sonne, die nie erlischt.

Und zurück blieb ein schwarzes Loch,
wohin die Hoffnung versank.

Das laute Gelärm und Geklapper!

Im Schlamm beißen sich die Würmer
und würgen sich die Schlangen.

Gewalt und Tod haben Macht wie Feuer ohne Ausweg.
Im Schiff steigt das Wasser
durch das große Leck, übertönt
vom gewaltigen Geheul:
Der König ist tot! Es lebe der Mensch!

Meuterei an Bord, o Herr!
Zu Dir rufe ich von diesem alten Schiffsarg
bis hin weit jenseits der beiden Siebengestirne.

Es ist kein geziertes Lautwerden, wie sonst schon;
es ist der dringliche Hilfeschrei,
der splittert die Schwärze
dieser Hundemeute!

Meuterei an Bord!
Die Welt versinkt!

Herr, wir brauchen einen Kapitän
des Friedens und der Güte.

Jenseits von Orion
und jenseits von Andromeda,
und auch jenseits des Universums,
aber so nahe doch, daß ich Dein Murmeln höre,
antwortest Du:
»Mensch geringen Glaubens!«

Alfonso Castro Pallares, geboren 1921 in Morelia, der Hauptstadt des mexicanischen Pazifikbundesstaates Michoacán. Er ist Weltpriester, Lizentiat, nach Studium in Rom an der Gregoriana Dr. phil. und heute Philosophiedozent am Priesterseminar der Hauptstadt México D.F. Obwohl schon siebenmal als Lyriker mit Preisen ausgezeichnet, hat Don Alfonso immer noch ein Dutzend Gedichtbände in seiner Schublade, die auf Veröffentlichung warten. Er übertrug und kommentierte neulateinische Barockliteratur seines Landes, Preispoeme auf die indianische Muttergottes von Guadalupe, dem Nationalheiligtum. – Die Dichtung dieses nordamerikanischen Priesters (Mexico ist nicht mehr Mittelamerika. Seine Vizekönige regierten einmal auch in Los Angeles und San Francisco) ist charakterisiert durch echte, starke Gottverbundenheit und Naturbeseelung. Sie ist intensiv und farbensprühend, dann auch wieder karg bis bitter, zeitweise nahe dem Klassiker Velarde.

Ode auf den Erzengel Michael

Und in der Aprilerde,
erwacht,
angereichert durch die lebendige Form
des Menschen im Frühling,
blieb die Zeit ohne Laut;
und dann,
über dem Geräusch der Zeit,
vernahm man die Große Ballade,
man hörte einen Wasserquell,
sprudelnd
und wunderbar.
Es erklang die Stimme des Großen Schutzengels,
der durch die Lüfte des Tages zog;
und sein Vorbeigang
war ein Schütteln unruhigen Gezweiges,
das der Sturm erfaßt hatte;
und seine Konturen glühten und dehnten sich,
daß die Himmel entbrannten,
aufstanden und zunahmen
wie die »sieben Geister,
die vor seinem Throne stehen«,
und das Rauschen seiner Flügel.
»Und ich wandte mich, die Stimme zu sehn, die zu mir sprach«,
und ich sah die schwindelerregenden Zacken
wie Gluten, wie Rümpfe duftenden Goldes,
wie Inseln, die trieben an klingenden Stätten.
Und sie wurden verschlungen.
Alle verfielen dem April,
auch ich in seinen Spuren und tiefen Wassern.
So ist Deine schreckliche Gegenwart,
so ist Dein Name,
eine Legion vor dem Schneesturm,
ein Lusthaus, das erschließen sieben Schlüssel in sieben Schlössern,
von Toren,
die geleiten
zu sieben Abgründen der Zeit,
zu sieben abweisenden Spiegeln.
Deinen wahren Namen beschützen die Berge
und ihre grünen Wachen;

Deinen wahren Namen,
in dessen Bereich
die Rose fällt, um nie mehr zu tanzen
und zu glühen,
in der beständigen, sengenden Welle der Rosen.
Dein Name, der zu allen Stunden aufklingt,
den man nicht sieht und nicht kennt,
der nichts nachsieht;
und er ist wie Sandkörner, unendlich an Zahl,
und gleich dem tausendfältigen Weizen.
Deinen wahren Namen, den allein kennt
ER, der »öffnet und keiner schließt,
und schließt und keiner öffnet«.
Dein Name, der mir nachstellt,
und ich höre sein Schwertklirren in die Mauer getaucht
und sein verborgenes Blitzen.
Dein Name, der vorübergeht, unsichtbares Wort,
unter dessen Durchgang
ich mich stelle,
Bild im Innern,
auch ich unbekannt,
unerhört,
mir entrissen, dem Wort,
aus meinem Gefüge entfernt,
in den Raum geworfen,
der Form entfremdet,
dicht,
verneint und bestätigt,
zugewandt dem Willen Deines Glanzes,
während innen, außen
– auf den Behausungen,
unter dem Fleisch ohne Sinn, im Geiste
eins und gelöst, wie die Schwalbenvölker –
außen und innen
– Pendel, das nicht anzuhalten –
Deine beiden ozeanischen Schwingen
bewegen sich,
scheinen durch,
geben das Zeichen zur Schlacht,
hallen wider,
verschwinden,

bleiben ohne Unterlaß,
bis zum letzten Augenblick,
bis zum letzten Menschensohn.

Eunice Odio, 1922–1974, stammte aus Costa Ricas Hauptstadt San José, lebte dann in Guatemala; sie verdiente ihren Lebensunterhalt mühsam durch Übersetzungen und starb allzu früh, einsam und hilflos in Mexico. Eine schwierige Frau, ein schwieriges Leben, eine noch schwierigere Poesie. Ihr Hauptwerk, »Tránsito de Fuego« (Feuertod), fast 500 Seiten stark, wurde von der literarischen Linken abgelehnt und von der Kritik fast totgeschwiegen. Eunice Odio ist für manchen Kenner »Amerikas größte Lyrikerin« (Zerner). 1975 erschien in Caracas ein Nachlaßband mit dem Titel »Antología«. Als Textbeispiel haben wir den Schluß ihrer großen »Ode auf den Erzengel Michael« gewählt.

Oster-Sonntag

Einstens sein Tag, Auferstehungs-
sonntag! Welle um Welle,
Furche um Furche bereichert,
der Himmel wird bleich vom Schaum
des Frühlings. Es schwimmt – seimig –
in reinen Spiegeln der Stern.

Meeresstern, goldenes Haus
für die Sonne, darin wiedergeboren.
Harmonische Liebesinsel
auf den Meereskämmen, erhellt im
göttlichen Bereich den Schritt
von Königen, blind dahingehend.

Himmelsgefilde von ackergleichen Wellen,
ungezählt in Wogen erblühend,
er ordnet als Sämann. Und schweigt und denkt.

Denn das Licht ist gut, er schaut
ins Licht, trennt und entblößt es,
und adelt das Feuer, das er in sich selbst
hütet und über die Seele ergießt;
und gereinigt bleibt die verletzte Seele,
die dunkle, von momentanen Fackeln.

Er sät und bestellt. Und gleich einer gelassenen,
gütigen Bauersfrau zupft er die
dürren Blätter, entfernt er,
um den Früchten zu nützen, die verbrannten,
bleichen Ranken, und festigt,
mit geschickter Hand, die erblühte
Hoffnung von saftigen Traubenbüscheln.

Vom Himmel der Feldarbeit regnen
die klaren Schwärme des Taus.

Und du wendest deine Augen, o Seele; bittest,
vom Feuer verdüstert, um einen Weg
des Sehens. Und die Augen finden - Leistung der
Liebe - den Blick in ihr verzehrt und
allein durch sie wiedergewonnen.

Tag der Wiedergeburt: festlicher
Maientau, in den sich ergießt
das Eis des geronnenen Lichtes.
Beseelter Stoff, der wiederbelebt
die Blume in der Luft, die himmlische
Ernte der Glorie; Tauffeierjubel
über die Vernichtung, um
wieder aufzuerstehen; Grab,
in dem wurzelt der neue Tagesanbruch.

Rubén Bónifaz Nunõ, geboren 1923 in Mexico, zählt zu den jüngeren Dichtern in Abstand zu den bekanntesten Lyrikern Mexicos, den »Contemporáneos« der zwanziger Jahre, wie Gorostiza, Torres Bodet, Villaurrutia usf. Man suchte noch mehr das Eigene, scheute nicht vor dem Neuen, ohne wild zu experimentieren wie mancherorts in der Karibik. Paz, Chumacero, Sabines, die Castellanos sind zum Teil Generationsgenossen des hochangesehenen Bónifaz Nuño, der mit 22 Jahren im klassizistischem Stil begann, sozial und amourös schrieb. Insgesamt neun Versbände. Außerdem ist er bewährter Übersetzer lateinischer Klassik.

Der Dichter

Ich schreibe, um vor dem Tode zu retten alles, was schmutziger Lehm ist.
Ich rief herab den Schutzengel zum Kot meiner Seele.
Mit Schrecken erkenne ich es im Spiegel, seine Helle
zeigt mir meine Weichheit, meine Fäulnis, meine Trauer.
Als Paulus nach Damaskus zog, war er so schmutzig wie ich.
Jetzt ist er heilig, ein leuchtender Stern im Himmel.
Seine Heiligkeit ist ohne Grenzen.
Feierlich thront er und fern der Hölle, den Wettern
und Lastern wie eine Schellentrommel in Händen von Trunkenen.

Leben im Umkreis des Bösen ist ein Vergehen gegen Gott.
Aber auch Leben, ohne daß der Tyrann uns vernichte, ist eine
Auflehnung.
Schmerzhaft ist es zu sündigen, schmerzhaft wie das verletzte wilde
Tier im Walde,
wie die Freude am Tode, die ein Lamm mordet.
In dieser Welt kerkern sie den Dichter ein als Anarchisten.
Man beschuldigt ihn der Aggression, der Subversion, der Vernichtung.
Sie schließen den Dichter ein in Kerker mit Maschinengewehren,
während heitere Weisen erklingen und
der Philosoph über seinen dunklen Büchern grübelt.

Die Weisheit muß schweigen, solange Menschen sterben.
Die Wissenschaft ist ohne Verständnis für Liebe zu Blumen und für
Vergnügen.
Der Dichter ist stets ein Verbannter, ein Kranker, ein Verwester;
er glaubt an die Ewigkeit,
inzwischen treibt sein Leichnam in der Zeiten Fluten.

Antonio Fernández Spencer, geboren 1923 (?) in der Hauptstadt der Dominikanischen Republik, war Mitstreiter der »Poesía sorprendida« in der Heimat, seit 1947 in Spanien, wo er 1952 den begehrten Preis Adonais erhielt.

Schwer ist es

Schwer
ist es, wenn man unfähig,
den Zufall zu lieben,
das Triviale, einen Fluß,
der entspringt, das Band,
das die Liebenden vergessen,
oder das starre Blatt
einer Zeitung,
das der Wind aufbauscht,
sternengleich,
in einer morgendlichen Straße.

Schwierig
ist es, auszuhalten
(ab dem siebten Jahr
ungefähr) jene Stimme
eines Körpers, ihren Schrecken,
die Abstürze,
das widersinnige Gespür,
das Tag
für Tag
uns zuflüstert, daß wir sterben müssen,
ins zittrige Ohr
unsrer unsterblichen Seele.

Und auch
mitten im Gedicht
(das andre sehen
als Leben, als Schweifstern
oder Weg, den man sucht
und nicht findet)
alles hält an,
ganz abrupt,
mit Abscheu überzieht sich
die ganze Sphäre,
die Feder schweigt, wird unsicher
übers dichterische Tun, Fisch,
der seine Eier laicht
in die giftigen Wasser
einer erbarmungslosen Zeit.

Aber
dann gibt es Augenblicke
wie jene zum Beispiel,
in denen unverhofft jemand
mit einem Namen, der nicht der unsrige,
uns ruft
und uns entblößt,
uns einen Anschein gibt
von unermeßlichen Dimensionen,
und von uns selbst trennt,
und jeglicher fragt sich
dann,
was ist es,
wer ersann es,
wofür teilte man ihm zu
den Sternenklang,
herausstrahlend
aus einem gleichgültigen,
dunklen Chaos.

Der Mensch

Ich arbeite an gegen das Stillschweigen,
und bei diesem harten Werk so vieler
gab ich meine Musik an die
Dinge, die verborgen unter dem Schutt der Zeit,
öffnete ich Wunden in meinem Fleische,
um die Liebesvögel zu sättigen,
und mit den schweren Metallen meines Seins,
diesen täuschenden Zeichen der Freiheit,
die mich aufrechterhält, schmiedete ich,
lernte ich das harte Antlitz meines wahren
Lebens begleichen.
Ich habe geglaubt ohne Demut, ich glaubte,
diesen gewaltigen König besiegt zu haben;
aber inmitten dieses Getümmels
fühlte ich mich bald erdrückend allein gelassen.
Ich sah das Vorausgesicht meines Todes

in meinem jetzigen Gesichte, und da faßte ich den
Griff am zerbrochenen Schwert des Unglücks.
Die verächtlichen Drogen der Nacht
begann ich gierig zu lieben;
vom unschuldigen Tische der Freundschaft
zog ich kühl meine Hände zurück;
ich ermunterte auch die Pest der
Wünsche in meinem Stillstand;
ich nährte Ungeheuer, da ich vernahm,
wie ein Abgesandter des Nichts nahte,
arbeitete ich am Stillschweigen: ich arbeitete.

O Gott, unnennbarer Gott in meinem Umkreis,
lobe irgendwie dieses seltsame Geschöpf,
das Dich stets, unter Fluchen oder mit Liebe, beschwört.

Héctor Alvarez Mureña (gewöhnlich signierend als H. A. Mureña) lebte von 1923 bis 1975 in und für Buenos Aires. Nach Studien als Ingenieur und Literat wurde er Gründer und Leiter von Zeitschriften, darunter war auch die erste des Landes, die weltberühmte »Sur«. Er wurde in jungen Jahren einer der geistigen Anreger und Träger seiner Nation, so stark dies klingen mag. Er war schöpferisch als Kritiker, Essayist, Erzähler, Dramatiker und Lyriker, als Übersetzer aus dem Englischen, Französischen und Italienischen, auch als Verleger; zudem war er ein liebenswürdiger Partner deutscher Verehrer. Er kämpfte gegen die Zeit, die Umgebung, die Progressisten. Der Vanguardist und Existentialist reifte über die absurde Groteske zum esoterischen Mystiker einer »Religiosität ohne Begriff und Grenze« (H. Armani). Seine letzten Zeilen lauten: »Nur/im Unsichtbaren/in Wahrheit/weilen wir.«

Der unsterbliche Schmerz

Deine weite Landschaft spröden Teers,
o Nacht des Durstigen, wird in mir ergänzt,
und hier umgürtet mich ihre stürmische Schwärze,
wenn du deine beißenden Hunde auf mich losläßt.

Schon sind Wanzen und Einsamkeit meiner Haut
Gewöhnung, die erfreut durch Schmerz
und fern dem Genuß, verschwägert der Bitternis,
schwächlich in der Müdigkeit meiner Tage.

Mit diesem Schmerze leben, reicht nicht zur Flucht,
aber doch um damit bis zum Tode zu leben,
dem Menschengott zu widersprechen,

und zuletzt sich niederzuwerfen wie
auf einen Teppich, Brand im eigenen Herzen,
und im Schatten des Übels, Weg zum Grabe.

Ali Lameda, geboren 1923 im Innern Venezuelas, gehörte seit 1945 zum literarischen Leben der Hauptstadt Caracas als Initiator von Zirkeln und Zeitschriften und reger Übersetzer. Dann pilgerte er durch die Welt, war jahrelang in Nordkorea eingekerkert. An den Heimkehrer erinnerte dann 1975 ein Band von 154 Sonetten. Lameda war immer formstreng, herb und hermetisch orientiert, eine außergewöhnliche Persönlichkeit.

Intimes Tagebuch

Ich lebe nach innen,
um das Fleisch meines Abgrundes zu fühlen.
Auf meine Mitte zu,
und in meiner Verschiedenheit bin ich der gleiche.
Ich kreise um den Schmerz
wie um eine Rose.
Das Wasser der Liebe
zeigt Großmut
gegenüber allem, was da ist.
Es gibt keinen
Wein des Grolls.
Trauer blutet mich aus.
Ich bin ganz aus Dornen und Klage,
aber zur Armut kommt das Lied,
das mich nie verläßt.
Ich weine, denke nach, träume
und ich lebe. Ich spüre, daß ich lebe,
und dieser hochgemuten Brust
bin ich alleiniger Herr.
Mit diesen wunden Händen bring' ich Heil
den Brüdern und grüße sie
munter früh am Tage.
Doch schmerzt mich das Brot, die Luft, das Wort,
noch so lauter.

In mich bohrt sich die Zärtlichkeit
mit ihren Dornen.
Ich werde wiedergeboren, da ich sage,
ich leider lieber Bitternis,
bevor ich sage,
ich will sterben in der süßen Lust
geschenkter Liebe.
Eine Liebe, die mich vergessen sein
läßt zwischen Honig und Früchten.
Ich stehe gerade.
Mund und Blut ohne Schmerz,
fest in dem Glauben,
daß ich mich auf diesem Boden behaupten muß,
wo man den Tag erduldet.
Derart trinke ich und senke
den Becher der Bitternis
bei dem Gedanken, daß das Schicksal
- Lichtpfeil, wächsernes Licht -
mir schenken muß den Wein
der Freude oder des Kreuzes,
an dem sich stärkt
Jesus, der Liebende. Amen.

Francisco Salazar Martínez, geboren 1925 im Norden Venezuelas, ausgebildet in Caracas, journalistisch, als Kulturdiplomat und freier Schriftsteller tätig.

Zwei Meditationen

I

Betrachte, o meine Seele, dieses Gewebe,
so rauh bei Berührung, was sie so Leben nennen;
töricht sind doch die zusammengeflickten Fäden, weise
verflochten und mit festen Farben, düster und edel dennoch,
ganz breit hat sich ausgedehnt in ihm der Glanz des Rot.
Denk an die Weberin, wie geduldig
hat sie wiederaufgenommen
eine stets unfertige Arbeit.

Und hasse daraufhin, wenn Du es vermagst.

II

Menschlein, was willst du mit Deinem Kopf alles anstellen?
Die Welt aufhalten, diese närrisch-verrückte, wilde Welt?
Das Füllen Gott beschneiden?

Aber Gott sprengt die Fesseln und zeugt weiter
prachtvolle Geschöpfe,
wilde Wesen, deren Geschrei
die Glasglocke sprengt.

Rosario Castellanos, 1925 bis um 1978, eine der bekanntesten Schriftstellerinnen Mexicos in der Zeit von 1950 bis 1975, in vielen Sätteln des Handwerks bewährt (im Ausland Botschafterin ihres Landes). Als Lyrikerin weniger bekannt, doch ansehnlich, vor allem in der Prosa existentialistisch-sozial engagiert.

Hinter dem Friedhof

Hinter dem Friedhof, neben dem Weg,
ist ein Friedhof voll Abfall,
wo rostiges Eisen liegt, Scherben
von Ton, zerbrochene Rohre, verbogener Draht,
leere Zigarettenschachteln, Sägemehl
und Bleche, altes Plastik, abgefahrene Reifen,
und alles wartet wie wir auf die Auferstehung.

Zwei Uhr morgens

Zwei Uhr morgens. Die Stunde des Nachtgebets, und die Kirche
scheint im Halbschatten voller Dämonen zu sein.
Dies ist die Stunde der Finsternis und der Fiestas.
Die Stunde all meiner Dinge. Und meine Vergangenheit kehrt zurück.
»Und meine Sünde steht immer vor mir.«
Und während wir Psalmen singen, tritt die Erinnerung
in mein Gebet wie ein Radio, wie eine Musikbox.
Alte Bilder aus Filmen kommen zurück. Alpträume, Stunden
allein in Hotels, Bälle, Reisen, Küsse, Bars.
Und vergessene Gesichter stehn auf. Unheimliche Dinge.

Somoza, ermordet, kommt aus seinem Grab. (Mit
Sehun, dem König der Liebesgeschichten, und Og, dem König von Basán.)
Die Lichter des »Copacabana« glitzern im schwarzen Wasser,
das aus den Kloaken Managuas quillt, hinter der Mole.
Absurde Gespräche, des Nachts, und betrunken,
wieder und wieder, wie eine Platte mit Sprung.
Und das Rufen des Roulette, und die Musikbox.
»Und meine Sünde steht immer vor mir.«
Das ist die Stunde, da die Lichter funkeln an den Bordellen
und Kneipen. Das Haus des Kaiphas ist voller Menschen.
Die Lichter brennen im Palast des Somoza.
Das ist die Stunde, da sich das Kriegsgericht trifft
und die Folterknechte hinuntersteigen zum Kerker.
Die Stunde der Geheimpolizei und der Spione,
wenn die Räuber und Ehebrecher die Häuser umschleichen
und man die Leichen versteckt. Ein Bündel fällt ins Wasser.
Das ist die Stunde, da die Sterbenden mit dem Tode ringen.
Die Stunde des Schweigens im Garten und der Versuchungen.
Draußen singen traurig die Vögel,
sie rufen die Sonne. Das ist die Stunde der Finsternis.
Und die Kirche ist kalt, wie voller Dämonen,
während wir weiter des Nachts unsere Psalmen singen.
Wie leere Bierdosen und kalte
Kippen, so waren meine Tage.
Wie Gestalten, die über den Fernsehschirm huschen
und wieder fort sind, so ist mein Leben vergangen.
Wie die Autos, die eilig die Straße entlangziehn
mit dem Lachen von Mädchen, mit Musik aus dem Radio . . .
Und das Schöne ging schnell dahin, wie neue Automodelle
und wie die Schlager im Radio, die nicht mehr modern sind.
Und nichts blieb von jenen Tagen, nichts
als leere Bierdosen und kalte Kippen,
als ein Lachen auf bräunlichen Fotos, Fahrscheine, zerissen,
und das Sägemehl, mit dem man morgens die Bars kehrt.

Ernesto Cardenal, geboren 1925 in Granada, einer Kleinstadt Nicaraguas, studierte in den USA und Mexico, wurde als Spätberufener zum Priester geweiht und lebte seit 1965 in einer landwirtschaftlich-religiösen Kommune auf Solentiname, einer Insel im Großen See von Nicaragua. Nachdem seine Poesie anfangs politisch und erotisch ausgerichtet war, machte er eine Zeit religiöser Verinnerlichung durch, war 1957 als Novize bei den Trappisten in Kentucky USA. Aus dem Schüler von Coronel Urtecho wurde der Adept Ezra Pounds, zuletzt fand er eine eigene extravertierte, engagierte Linie, die ihn zuweilen zum Pamphlet führt. Er wurde weltberühmt und viel übersetzt. 1979, nach siegreicher Revolution zurück aus dem Exil, wurde er Kultusminister seines Landes, 1980 erhielt er den Friedenspreis des deutschen Buchhandels. Für Jewgenij Jewtuschenko repräsentiert Cardenal »eine neue Ära, die Vereinigung von Himmel und Erde, von Mensch und Gott. Für ihn ist das Leiden Christi zuerst ein menschliches Leiden« – darum tritt Cardenal für einen nichtatheistischen Kommunismus ein.

Golgatha

Christus, Nacken in der Nacht: Dein Haupt
leblos am Freitag, von neuem ein Toter
wirst Du sein, Opferlamm,
wo die Ewigkeit des Nagels anfängt.

Augen, die im Röcheln des Schmerzes
vergehen, uns entschwinden. Wohin, zu welchem Ende?
Aller Durst der Welt liegt auf Dir,
und in der Verlassenheit Deine ganze Armut.

Ich weiß nicht, wie Dich rufen, noch welchen
Namen Dir geben, da wir doch nur ein einziger Mensch
sind, wir beide, an diesem Freitag Deines Nichts.

Und ich spüre in meiner Brust die ganze Kälte,
und in Deiner Verlassenheit, einsam – allein, mein Sohn,
all mein Fleisch in Dir gekreuzigt.

Das ist das Ende des verlassenen Christus

Das ist das Ende des verlassenen Christus,
das Ende von Lanzenstoß, Nagel und Essig,
das Niemals der Auferstehung,
das Für-Immer des Todes im Grabe,
das Ende der Brotvermehrung,
das Blut, das Ende des guten Schächers und Magdalenas,
das Ende des Menschen Lazarus ohne Tod.
Das ist das Ende des Verräters in Judas,
des Feigen in Deinem Johannes,

das Ende der entsühnten Dirne,
die Flucht auf den Markt und die Geißelhiebe,
das Stammeln des Reichen, der ins Himmelreich eingeht
alle hunderttausend Jahre, und das Fauchen des Armen,
geschunden bis auf die Knochen vom Reichen.
Das ist die Flucht nächtens auf dem Esel,
das Erlöschen des Sterns,
das Umwerfen der Krippen, der Ausbruch der
Frage, die nicht ausspricht
Joseph von Arimathäa.
        Das ist das Ende
des Zenturions und der Lilien auf
dem Felde (seht die Lilien auf dem Felde, und Salomon in aller
seiner Herrlichkeit konnte sie nicht nähren).
        Das ist das Ende: Sucht mich jetzt,
sagt mir jetzt, daß nicht gekommen sei
das Ende des Wortes
(im Anfang war das Wort, und im Anfang
die Finsternis, die niemals
vergeht), und der Fluß, der in die Meere
mündet, so der Christus, und der Christus kehrt nicht wieder:
er geht von hinnen, er ist fortgegangen: das lege ich schriftlich nieder,
um zu sehen, ob es nicht das Ende ist, um zu sehen, ob in dieser Nacht
Du mich nicht verlassen hast.

Miguel Arteche, geboren 1926 in Südchile, im Hauptberuf Publizist, begann als »Formalist«; entwickelte sich, frei von Gruppengeist und doch andere befruchtend, zum Meister des freien Verses mit religiöser Orientierung gegen Nerudas »materialistische Wucht«; Vertreter der sogenannten »fünfziger Generation«, in den siebziger Jahren fast schon ein Klassiker.

WIR SIND HIER ...

Wir sind hier
Spielzeug von jemand,
der nicht zu spielen weiß.

Das Spielzeug
soll spielen lehren
den, der es machte.

Der Mensch ist das Gebet Gottes
oder Gott das Gebet des Menschen.
Sagen wir Dank dem, der nicht existiert,
für unsre Nichtexistenz, die es gibt.
Und hernach öffnen oder schließen wir ganz
die Tür der Falle.

Der Himmel ist bereits keine Hoffnung mehr,
nur eine Erwartung.
Die Hölle ist keine Strafe mehr,
sondern nur eine Leere.

Der Mensch rettet sich schon nicht mehr, noch geht er verloren:
nur singt er zuweilen auf dem Wege.

Es gibt eine offene Tür,
dennoch muß man sie aufsprengen.

Wir wissen nicht, was dahinter ist,
doch von dorther dringt der Ruf zu uns.

Wir können woandershin gehen,
doch wir kommen von anderswoher.

Wir sind draußen und wissen es,
doch vielleicht ist alles draußen.

Wir suchen immer diese Tür,
doch sie sollte verschlossen sein.

Hier ist das Offene unüberwindlich,
wie das nicht Vorhandene durchschreiten?

Man muß die einzige Tür versperren,
um vielleicht eintreten zu können.

Roberto Juarroz, geboren 1926 in Argentinien, veröffentlichte 1976 im Exil in Caracas einen Auswahlband aus seinen fünf Bänden eigenwilliger »poesía vertical«: »anspruchsvolle Sprache, aber nicht hermetisch, ... Sprache des Morgens ... und von einer ethischen Haltung, solitär, aber auch solidarisch«. Höchste Anerkennung wurde ihm zuteil von seinem Landsmann Julio Cortázar, vom Mexicaner Octavio Paz und von dem Franzosen René Char.

Geschichte Perus

Es gibt keine Vergangenheit,
nur eine Menge
Toter.

Es gibt keine Inkas oder Vizekönige,
keine Großkapitäne,
dafür einige hundert
vergilbter Dokumente
und ein wenig Land.

Einen Herrn gab es und der sagte
zu seinen Sklaven: Das Gold ist gut –
und Gott ist im Himmel.

Einen Soldaten gab es und der sagte
dem, der ihm zuhörte:
Ich töte, weil sie mich bezahlen –
und den Himmel kenne ich nicht.

Aber das ist nicht Geschichte,
sondern zwanzig Worte,
die nichts besagen.

Schwieriges Sonett

Aus meinen Kindertagen regnen Blütenblätter,
Wind und Insekten treten darauf,
Federn, Wollfäden, Fliegenflügel, Klammern,
seit meiner Kindheit verlassen,
sie kehren bald wieder und sind bald weggefegt.

Die Zeit macht meine Krawatten schäbig,
verweht meine Papiere, raucht meine
Zigarren und geht fortlaufend verloren
hinter der nächsten Ecke.

Kaum lebe ich den Tag, kommt die Nacht,
und man taucht unter in einer Flut von Almanachen,
ihre Spuren verweht der Wind und sind nichts nütze.

Ich lebe für morgen, und das ist alles.
Mehr ist's kaum als nichts. Dennoch ist es der
einzige Lichtfleck in diesem dunklen Sonett.

Washington Delgado Tresierra, geboren 1927 in Cuzco, Peru, studierte in Lima und in Spanien, übte daheim dann vielseitige Lehrtätigkeit aus, zuletzt an der Universität von San Marcos, der berühmten Traditionshochschule. Er verfaßte sieben Lyrikbände und viele literarische Aufsätze. Alberto Escobar lobt an ihm die Fähigkeit, »den lauteren Drang in der Sprache zu verwurzeln durch Herrschaft, Zauber und Leidenschaft der poetischen Wahrheit und wahren Dichtung.«

Laventille

Dort wand sich,
klirrend vom Stahl sein metallischer Ton, blaugefärbt,
gehärtet von Furien wie Favelas von Rio,

mit krummen Straßen, furchtsam vor den Ufern, die abstürzen,
wie die liturgische Luft abfällt von dummen Pfauen
des kleinen Tempels

der herrlichen Hügel
am gefährlichen Abhang,
hin zu Belmont, Woodbrook, Maraval, St. Clair,

die leuchten wie
der Flitterkram des Trödlers in der Sonne.

Wir stiegen hinan, wo hängende Leitungen
und Hochspannungsdrähte die rohen Steinhäuser verbinden
wie einen abgeschlossenen Gutshof,

wo die Erben der Straßenkreuzung
zu fünft in einem Zimmer schmoren, ein Brutnest für sich,
zunehmend wie das Verbrechen,

das um den Friedhof sich regt, das Gefängnis und die Kirche.
Unter den gebeugten Bäumen
in der hingestreckten, ansehnlichen Stadt sind

die Klassen immer noch ein Stufengebäude,
Markt, Umschlagplatz, Rathaus und nobel. Von hier
herabsteigen bedeutete aufsteigen,

diese Kreuzung dachte sich nie ein solches Ende.
Hier erreicht das Elend seinen Gipfel
für den Verzweifelten und den Neger;

Der Neger, ein trügerischer Gottesdiener,
eine auftrumpfende Halskrause, so gestikulierte er
gleich einem Hofnarren, ausnützerisch gegen jene, die er zutiefst liebte.

Zuweilen sah ich in ungläubiger Wut auf
seine affektierten, neuartigen Gesten, seine Übertreibung
und seine Furcht bei dem Unterdrückten, Verhaltenen;

der von ihm kommende Ruch rührte eine eingeschüchterte
Kindheit an, Samstage im Friedhof, Taufen und Hochzeiten,
die Vorstellung von Grimassen, gefälligen Düften,

von Wochenendnachmittagen in den Tropen. Und in der Kirche
die Augen vor Zorn glühend,
die Kinder vor der Todsünde bewahrt,

dank dem Schutz aus den alten Zeiten der Straßenkreuzung,
der arrogante dunkelbraune Vikar, der psalmodierte,

um die Schuld dieser rachitischen Gebeine auszugleichen,
und dabei in mir die Liebe umdrehte wie ein Messer,
gezogen durch die Wellen dieses stürmischen Lebens.

Wer von uns will noch fürbaß wandern,
wenn es Gott verlangte
nach jenen quirlenden Wassern, wo unsre Seelen gefischt wurden

für diese neue Welt? Hernach flüsterten wir,
heimlich tuend, nahe dem Tode
inmitten dieser Steine, aufgerichtet auf fremder Erde.

Wir ließen an irgendeinem Ort ein Leben, das wir nie wieder erlangen,

Gebräuche und Götter, die nicht wieder auferstanden,
irgendein Stall, irgendein Lichtschmerz
warf uns auf Kerkerboden, trennte uns

von der Welt unter uns und jenseits von uns,
und, eingehüllt in ihre Leichentücher, zogen wir gefangen weiter.

Derek Walcott, geboren auf der Karibikinsel Santa Lucia 1930, war schon mit 18 Jahren als Lyriker anerkannt, studierte und siedelte über nach Trinidad, wo er heute als der führende karibische Dramatiker englischer Zunge gilt. 1962 veröffentlichte er in London seine gesammelten Gedichte: »In a Green Night«, danach noch zwei Bände. Politisch agierte er für die (gescheiterte) karibische Föderation, kämpft heute sozio-ökonomisch weiter.

Das Abendmahl

Alle waren da. Dreizehn Männer saßen bei Tisch.
Auf der Decke der Wein und das Brot; auf den Gesichtern
Vorzeichen des Abschieds, Zeichen für ihre friedlichen
Wasser, wovon Christus trank. Denn an diesem Abend

der erlöschenden Lichter gab er das Versprechen,
gleich dem Winde, der die Palmen schwanken macht, fortan
ihre Gewissen zu bewegen, dem Demütigsten seinen Schutz
verleihend, den Schimmer seiner Sternschnuppe.

Von den dreizehn war einer mordender Dolch,
jener des Verräterkusses, unter dreizehn ein Fremder.
Es war ganz dunkel geworden, nur der Mond der Pein,

das Haus der Marter, die letzte Enttäuschung.
Jesus sagte zu ihm: Geh! Der Vorhang fiel. Das Mahl
ist mein Blut und mein Leib, die ewig sind, wie du verdammt.

Von Judas geküsst

Ich steh' an der Schwelle des Karfreitags,
der Wind trägt mir zu den harten Klang der
rauhen Stimmen und das Schnalzen des
Judaskusses. Es ist ein Sang aus

tiefstem Kummer, ausbrechend gleich einer
Flamme aus dem Innern der verletzten Brust,
so steht er auf und fällt ein in dieses Kleid,
Wohnung von Leid soviel und Kummer.

Kreuzigung. Schon fallen wir auf die Knie.
Sabbat des erhöhten Kreuzes und der Marter.
Tränen schwimmen wie Fische in den Augen,

Dämmerung hängt wie Tücher, schwaches Kerzenlicht.
Wir haften, Dir gleich, in den Fangeisen,
zart und wehrlos wie die Lilie.

Alfonso Larrahona Kasten, geboren 1931, aus der älteren Lyrikergeneration Chiles, ist seßhaft in Valparaiso, wo er die Schriftstellergesellschaft leitet. Seit 1957 hat er nicht weniger als zehn Gedichtbände veröffentlicht. Die beiden Sonette stehen in »Inesperadas Muertes« (Tode wider Erwarten, 1977).

Weil du mich gesehen hast, deshalb glaubst du, Thomas. Selig, die nicht sahen und dennoch glaubten.

Schon suche ich keinen Augenschein mehr,
Thomas,
ich brauche keine Beweise.
Weder meinen Finger in den Nägelmalen,
noch meine Hand in der Seitenwunde.

Wenn ich auch auf meinen Schatten stoße
und über meine dunkle Spur stolpere,
– Frage,
Zweifel,
Ausblick,
nur Lichterglitzern,
düsterer Umriß –
ich gehe starr vom Lichte.
Alles ist Offenbarung.
Und nichts ist klar.
Alles verbirgt eine Kehrseite,
hütet einen Sinn.

Nicht nur ist Blüte die Rose,
noch ist H_2O das Wasser meines Durstes,
noch sind zwei und zwei immer vier,
noch stimme ich mit mir selbst überein.

Und doch ist es wahr,
daß ich weniger sehe, als ich erblicke,
weniger wahrnehme, als ich sehe,
immer sehe ich mehr, als ich erkenne.

Ich glaube.

Rolando Camozzi Barrios wurde 1932 in S. Luis de Palmar (Provinz Corrientes, Argentinien) geboren, absolvierte seine Studien in der Heimat, in Italien, Belgien und Spanien, war dann im Lehramt in Argentinien, als Literaturkritiker in Madrid seit 1976. Sein zweiter Gedichtband, »Los ojos deseados« (Die ersehnten Augen, Titel nach dem »Cantico espiritual« des Johannes vom Kreuz), erhielt 1981 den 8. Internationalen Preis für religiöse Poesie, »San Lesmes Abad«, in Burgos und wurde dort im selben Jahr gedruckt. Seine Gedichte sind reimlos, freimetrisch, thematisch transzendierend, kreisend um das Geheimnis Gottes: eine reife, seltene Frucht moderner Religiosität.

Gründonnerstag

Vielleicht war schon alles entschieden. Die Freunde fehlen,
und der letzte Brief war vielleicht nicht deutlich genug.
Donnerstagabend. Morgen, ein Tag mehr der Ruhe,
vielleicht des Friedens; aber was macht das schon.

Es sollte abermals eine Frucht auf die Erde fallen
für die Menschen, für alle,
die genießen den Abend, das Meer, die Straßen ...
auf was sie noch hoffen können.

Auf Vorposten. Allein. Dem Dunkel ausgeliefert.
In der Luft ein Duft von Jugend, Mutter, von vielen
fernen Dingen, unerreichbar fern
und dennoch eigenartig lebendig.
Damals war Friede, das Nachtgebet.
Aber das bedeutet jetzt nichts.

Vielleicht gibt es für uns auf Erden
schon keinen festen, sicheren Ort mehr;
denn wir schufen uns einen Lügengott.
Dennoch, morgen ist Karfreitag,
und vielleicht schreiben wir da den letzten Brief.

Carlos Rafael Duverrán, geboren 1935 in Costa Ricas Hauptstadt S. José, im Lehramt; sieben Gedichtbände, 1971 mit dem Nationalpreis ausgezeichnet. Seine Poetik: »Mach aus deinem Leben ein Gedicht ohne Ende/und bring's den Menschen zu Gehör/in nackten Worten./Laß es und geh./Vielleicht auf hartem Boden/mag der Same Blüten tragen.«

Yanki-Touristen in einer alten Kirche

Man sollte diese alten Frauen alle erschießen.
Martern müßte man sie wegen ihres sündhaften Geschwätzes.
Enthaupten nach vorausgehendem befohlenem Gebet auf englisch
unter dem Gelächter der Henker.
(Teufelinnen mit gelben Schöpfen,
Hexen, feiste, die sich wundern, daß wir stumm hier durchgehen.
Redemächtige Ruinen, die die Sonne herausfordern.
Man muß etwas unternehmen.)
Die Mönche sind ihnen gefällig, dessenungeachtet, höflich in ihrer Art,
wenngleich der heilige Petrus ihnen einen zornigen Blick zuwirft . . .

Roque Dalton, geboren 1935 in San Salvador, El Salvador, gestorben Ende der siebziger Jahre. Schon als revolutionärer Student zweimal eingekerkert, dem Todesurteil entgangen durch einen Regierungsumschwung, Flucht und Exil. Preise für seine Dichtungen in Chile und Cuba, viele Reisen und zuletzt (1978?) in der Heimat durch Parteifreunde ermordet. – Seine militante Haltung gegenüber den USA und ihren Touristen ist nicht vereinzelt unter den Intellektuellen Lateinamerikas, die ihre Tradition und Kultur nicht vermarkten wollen.

Jesus von Nazareth

Jesus von Nazareth – was für ein armer Mensch
ihm ging doch alles daneben
er fand keine andren Anhänger als ein paar Fischer vom Ort
es war ja auch nichts andres zu erwarten in diesen Korkeichenwäldern
man konnte den Leuten dort nicht klarmachen was er vorhatte
trotzdem zog er mit ihnen durch ganz Galiläa durch den Staub Judäas
stachelte die Massen auf zu einer flüchtigen oberflächlichen Begeisterung
eine leichte Aufwallung in der Langeweile der Kleinsiedlungen

so wie es bei allen Wanderpredigern vorkommt
seine eigenen Verwandten glaubten nicht an ihn
für sie war er ein Narr und so dachten viele noch
ein Klüngel von Politikern und Theologen seines eigenen Volkes machte ihn fertig
seine Schüler verließen ihn darauf um Mitternacht
damals als alle Hähne von Jerusalem wie wild krähten
für dreißig Dollar in bar und keinen Peso mehr wurde er verkauft
verurteilt hat man ihn dann als Gotteslästerer Betrüger und Aufwiegler
auf Drängen jener Scharen die sich ihm ergeben fühlten
ganz seltsam leicht lief alles ab für seine Feinde
die Umstände wie sie seine Niederlage und seinen Tod begleiteten
waren ungewöhnlich düster und bedrückend
unterm Kreuz gab es fast niemand von den Seinen
kaum seine eigene Mutter und den einen oder andren bartlosen Jungmann
von jenen Typen die den verrücktesten Aufklärern nachlaufen
gerade noch so ein Grünling der die Hunde wegjagte die sein Blut lecken wollten
sogar seine Unterkleider verteilten die Henker unter sich
so ging er durch die Welt wie wenn er nicht dagewesen wäre
ein paar Stunden nach seinem Tode war alles im Universum wie vorher
nur leise zitterte über seinem Blut wie ein Lichtsignal das INRI
wie ein strenger Hinweis für alle Narren die sich für Könige halten
kein Mensch war je mehr tot als jener Tote am Kreuz
sein Tod nüchtern gesehen so endgültig wie die Unendlichkeit
aber Jesus – was für ein höchst übernatürlicher Toter
die Seelen gaben sich ihm hin nach dem Tode
das Galgenkreuz wurde zu seinem triumphalen Thron
die Toten kamen aus der Erde ihn zu lieben und anzubeten
er saß auf hohem Gipfel zur Bergpredigt
sein Blick änderte den Lauf der Geschichte auf ganz abrupte Art
er ließ sie an unglaublichsten Abgründen vorbeigleiten
der sogenannte Ablauf der Menschheitsgeschichte
was ist er andres als sich um ihn zu drehen
nichts andres als sich in den Abgrund seines Herzens zu stürzen
seine geheimnisvolle Stimme mit deutlich galiläischem Akzent
hallte dem Donner gleich wider selbst die Cäsaren übertönend
die aller jener Schwärmer bemüht neue Religionen zu erfinden
sein Wort griff an die Wurzeln der Moral und sogar der ganzen Philosophie
warf um das menschliche Denken einem Lichtstrom gleich der einbrach

und den der Gang der Jahrhunderte noch nicht zu entziffern vermochte
Jesus von Nazareth – aber was für ein Toter ist mehr auferstanden
aus seinem Odem sprießen Heiligenleben wie aus einem Wassersprudel
aus der Tiefe seiner Augen nehmen ihren Weg schimmernde Heer-
scharen von Jungfrauen Märtyrern Aposteln Bekennern
die nach ihrem Gang durch die Flammen das Blutzeugnis alle Kreuzwege
zurückwenden zum Grunde ihres Herzens
aus seinen mystischen Fingern blühen auf Damaskusstationen
goldene Zeitalter thebengleich geheiligte Herzen
aus dem Staub der Erde keimen die Pfade die zu ihm weisen
sein Geist nahm an die Sitte in Feuerzungen zu reden
zu niedrigsten Gemeinwesen von Holzfällern und Tagelöhnern
jederzeit kann es geschehen daß jemand außer sich gerät in Liebe zu ihm
mit einer Gleichnisrede jagt er alle Träume des Menschenhirns in den
Wind
mit einer andren Parabel begründet er eine wissenschaftliche Methode
eine Bewegung seiner zarten Hand erweckt alle klassischen und
romantischen Stilarten
mit einem Fingerzeig bewegt er die siebentausend Blüten reiner Schönheit
ganz bestimmt vermag er aus Eicheln Lilien zu erwecken
das Böse zum Guten zu lenken da er sich kreuzigen läßt
im sündigsten Fleisch und sich darin begraben
und aus dem Grabe zu entweichen in Lichtgeschwindigkeit
aus dem Grabe zu schreiten in Zeitlupentempo
durch die strahlenden Lüfte sich auszubreiten ah wie herrlich
wer wer denn wird je erzählen die Historie seiner Tode und
Auferstehungen
gegen einen Mann kann man derart nicht kämpfen
eine Schlacht die man verliert die er gewinnt
durch merkwürdige Prozeduren deren Mitte in Rom
wovon Abzweigungen in den fernsten Winkeln der Erde
ach immer gelten ihm die Tränen der Reumütigen
ihm fallen zu die Tränen der Mitternacht
alle aber auch alle Liebe wirkt ohne es zu wissen zu seinen Gunsten
seine eigenen Wunden schließen sich niemals
diese Wunden sagen ich bin der Weg die Wahrheit und das Leben
seine Tunika des Auferstandenen heute scharlachfarben
wirft ihren Flammenschein in alle Windrichtungen engelsgleich
weist so genau den Weg ins Paradies
Jesus von Nazareth – aber welcher Tote ist
mehr auferstanden.

José Miguel Ibáñez Langlois, geboren 1936 in Chile, Studien in Chile, Spanien, Italien, dann zu Hause tätig als Priester in der Seelsorge, Literaturprofessor und Kritiker-Schriftsteller, geistiger Führer weiter Kreise der chilenischen Jugend. Autor von fünf Versbüchern seit 1954, die ihn neben Miguel Arteche, der Spitze der »fünfziger Generation« Chiles, unter die bedeutenden religiösen Autoren seines Landes einreihen. Streng, geläutert, unrhetorisch – so läßt sich dieser jüngere lyrische Stil in Chile bezeichnen, der für Europa erst noch zu entdecken ist.

Eine alte Dame

Niemand könnte es sich ausmalen,
wenn man sie so herausgeputzt gehen sieht,
aufrecht wie von einem Korsett gehoben, Richtung Kirche,
wobei sie austeilt, mal hier, mal dort, mal weiter weg,
wie zart-duftende Taschentüchlein ihr freundliches Lächeln,
niemand kann sich vorstellen
die vielen Unglücksschläge, die sich an ihre Fersen hefteten.

Ihr Gott segnete ihren Mutterleib;
sechs Kinder waren ihre Erntefrucht.
Sie zog sie heran nach ihrem Vorbild, Ausbund der Tugend,
vollkommene Exempel für die Klatschsucht im Orte.
Grausam ist aber das Unglück, wenn es zuschlägt.

Zwei aus diesem Nachwuchs sind irre,
und der eine ist ihr einziger Sohn.
Weitere zwei sind gebrechliche Jungfern, unverheiratet,
ihre schwachen, stolzen Hände
kannten je weder harte Arbeit
noch milde Zärtlichkeit,
und sie wandeln am Rande des Abgrunds.
Die letzten beiden, ergeben in die Leidensgeschichte bitterer Ehen.

Schaut hin auf sie,
an diesem Erntesonntag morgens,
wenn sie stolz und aufrecht
auf ihre Kirchenbank, mit leichter Verspätung, zusteuert,
begleitet von ihrer geistlichen Gefolgschaft, den zwei Jungfern.
Sie wendet sich nach hinten, die Nummer des Kirchenliedes zu erfragen;
und dann, den Blick hochauf zu den Dachbalken des Schiffes,

schmettert sie ein jugendliches Vibrato hinaus,
übertönt ihre Nachbarinnen und feiert den Herrn.
Unter der Bogenwölbung und vor dem Altargitter
blühen und duften die Opfergaben.

Edward Baugh, 1936 auf Jamaica geboren, Studien in Kanada und Schottland, jetzt in Kingston Universitätsdozent für Englisch. Publizierte Poesie in den Zeitschriften und Anthologien der englischsprachigen Welt. Ohne Modernismen und Experimente zeigt er sich mit dem Volk seiner Heimat tief verbunden.

Erster Glockenschlag am Freitagmorgen

In Erinnerung an Mutter, die leidend starb

Der erste Glockenschlag am Freitag ertönt schon früh am Morgen,
und träge Füße nur antworten dem Rufe

dein klecksiger grauer Schatten reiht sich ein in die Prozession,
abermals einholend ein Dutzend Waggons, als da sind

das Dutzend an Tempeln, zu denen du dich in der Regel eilig begibst,
um sie mit Heiligen und Beschwörungen zu füllen

wie Schätze häuftest du auf und bewachtest die strahlenden Brillanten
 und Korallen,
da du doch schon vor der Todespforte liegst, leidend, gefoltert,
 schiffbrüchig

aufgefressen von einem gierigen Dämon,
dein Körper verfiel und löste sich auf

in Luft, und ich konnte dich beobachten, wie du
leise vor dich hinmurmeltest, deinen Schmerz verzehrend in Mitleid
 mit mir

es schien so, daß keine Kirche und kein Tempel uns helfen könnten,
sie wachten nur über dich in Angst, voll Bewunderung

in Liebe und Haß zugleich. Ja, auch Haß! Ich haßte dein Leiden
wie Hiob oder wie irgendeine Bestie

dort mit zuckenden Nerven und die Augen gesenkt
und schmerzliche Ergebenheit in deine Liebe

die tätige. Wie sehr begehrte ich dir es leichter zu machen, aber
du warst es zufrieden, dir die Lippen zu beißen und

deine bitteren Tränen zu unterdrücken, da ich wehrlos zuschaute
und dich bewunderte, dich bedauerte und dich liebte

und da die Glocke am Freitag ertönte, vernahm ich
zuerst deine Schritte, im Einklang mit der Schar der Gläubigen

deine Lippen bewegten sich, da die Perlen des Rosenkranzes durch die
Finger glitten,
und du steigst ein in deinen Kirchenwaggon, und ich weine.

Anson González, geboren 1936, Ministerialbeamter auf Trinidad, 1972 erster Gedichtband »Score«, veröffentlicht in Zeitschriften, deren eine er 1973, »Die neuen Stimmen«, gründete. Er selbst ist eine kräftige, persönliche Stimme der »poesía negra« in der anglophonen Karibik.

Wanderung in den Morgen

Zwischen den Falten unsres Lebens hören wir sonderbare Stimmen,
Herr.
Stimmen, die in sich tragen die Glut der Wut, ausbrechend in tausend
Gewalten;
Worte, die bersten machen ihren Kern an Bruderblut
und diesen Boden besudeln mit Fleisch, worin wir liegen.
Man hört auch, Herr,
das Krachen der Steine und Klirren der Eisen, die sich der Herzen
bemächtigen wollen
und ihnen entreißen das Weiße, das uns noch belebt.
... Keine Glocken, die uns vom Glauben sprechen;
dafür bleibt uns der Rauch, der spiralig um uns schwebt, aus toter Asche.
Wir verwiesen die Brüderlichkeit aus dem Reich der Liebe und
Selbstsucht.
Es ist der Trennstrich zwischen Wasser und Frische;
es ist das Auseinanderreißen von Licht und Klarheit, wogegen
uns diese Einheit einst vom Mark bis zur Haut durchströmte,
um zu werden ein Blütenzweig des Lächelns,
begierig der Begegnung mit dem Glanz so vieler Leuchten,
die uns umgaben.

Heute schweigt das Licht.
Wir spüren es nicht mehr wirken, strahlen in dem forschenden Auge,
und eher noch teilt es uns mit fremdem Schimmer ...
Wir stehen am Kreuzweg, und unsre Zungen sprechen vom Wege.
Wir suchen die Richtung im Kompaß, verwirrt vom Vergnügen.
Getrieben von blindem Impuls tasten unsre Hände nach dem Pfade,
und wir geraten nur auf den Abweg:
eine Abwesenheit,
eine Leere;
alles in unsrem Innern bricht ein.

Doch, Herr,
in den Falten unsrer Leben sind zu vernehmen auch die Laute der Lippen,
die den Rhythmus der Hoffnung skandieren.
Es ist ein Flüstern, so zart wie Deine Gegenwart unter uns.
Diese Falten unsres Lebens, strotzend von Geheimnissen,
bergend widersprüchliche Rauschgetränke, die verwirren und erleuchten,
sie lassen reifen in ihrem Schoß neue Wärme, neue Hoffnung.
Wir pilgern zur Morgenröte, noch gefesselt vom Gestrüpp aus Ebenholz!
Im Kreis der Fleischeslüste,
mitten im glühenden Sand, der unsre Füße martert,
aber
wir sind auf Pilgerschaft zur Morgenröte!

Jaime Martínez Salguero, geboren 1936 in Sucre, Bolivien, ist Naturwissenschaftler – mit nur einem Gedichtband – und Beweis dafür, wie im abgelegensten Hochland Amerikas Wissenschaft und Kunst sich mit dem Glauben verbinden.

Der Gekreuzigte

Zuweilen komme ich mir vor
wie ein alter Schurke,
wie ein donnernder Sankt Paul!
Wie oft wollte ich Christus sein,
aber mir gebrach es an Entschluß.
Diese Entscheidung war sein Geheimnis,
brach auf wie ein Stein, leuchtend in den Augen,
ein Blitzstrahl, der die absurde Nacht erhellte,
in der wir alle leben.

Glaube nannten sie es, und es war fester Entschluß,
eine Entscheidung wie Diamant!
Aber eines Tages werde ich entschlossen aufwachen;
an diesem einen Tag werde ich allen antworten:
wenn ich der Verachtung verfallen bin
und alle mich verlassen haben,
an diesem Tag werde ich sie alle überraschen.
Wartet nur, wartet auf mich in euren Schatten!
Ich werden kommen und alles erhellen,
ich werde nicht gekreuzigt werden;
denn ich war es schon vorher, ohne daß es jemand ahnte.

Ludovico Silva, geboren 1937 in Caracas, Venezuela. Autor von sieben Gedichtbänden, einer davon mit dem Vorwort des nordamerikanischen Priesterdichters Thomas Merton. Er handelte öfter vom Tode, schrieb daneben auch »In vino veritas« (1977), veröffentlichte in Bogotá und Mexico, recht typisch für die weite hispano-amerikanische Kulturgemeinschaft.

Ich glaube an das Leben

Ich glaube an das Leben als irdische Macht,
greifbar, nur ungefähr zu umkreisen,
wenig sphärisch in seinen Polen,
in allen Teilen reich an Ausblicken.

Ich glaube an die Wolken, deren Seiten
klar beschrieben, ebenso
an die Bäume, vor allem im Herbst.
(Manchmal meine ich, ich sei ein Baum.)

Ich glaube an das Leben als irdische Bezogenheit,
als Gnade oder Unheil.
Mein größter Wunsch war es, geboren werden,
jeden Tag wird er größer.
Ich glaube und zweifle an Tod und an Gott,
das heißt, ich glaube, daß ich nicht glaube,
jedoch in der Nacht, ganz allein,
da befrage ich die Steine –
bin aber kein Atheist, auf keinen Fall,
ausgenommen angesichts des Todes.

Arbeit

Auf daß Gott ein wenig mehr vorhanden sei
– sich selbst zum Trotz –, singen die Dichter
das Lied von der Erde.
Damit immer erreichbar sei
die Menge Gott,
die jeder täglich verleugnet,
und zuletzt mögen sie Atheisten sein,
die Menschen, die Wolken, die Sterne,
die Dichter, wachend bis spät in die Nacht hinein,
sie klammern sich an ihre alten Hefte.

Gott dreht sich in Sonnenfinsternissen
und läßt sich aus der Ferne träumen.
Mitten in der Nacht
löschen die Schatten die Fenster
in den ragenden Bauten.
Nur einige Lichter brennen,
flackern jetzt
im Gewitter,
wenige sind es, aber sie halten durch,
um die Menge Gott zu erfinden,
die jeder in seinem Traum erbittet.

Eugenio Montejo, geboren 1938, Venezolaner, Autor von vier Versbänden, bringt diese beiden Gedichte im letzten, vierten Band, »Terredad« (Erdheit), Caracas 1978.

Chronik Amerikas

»... weil wir als Menschen nicht alle sind von gutem Schlage ...«
Bernal Díaz del Castillo, früher Chronist Mexicos

Nach langer Kreuzfahrt
durch den dräuenden, dunklen Ozean
stießen wir
auf Ländereien, überreich an Metallen, auf Städte,
wie sie sich die Phantasie niemals ausdachte, Reichtümer,
Menschen ohne Armbrüste und Pferde.

Mit der Absicht, den Glauben zu verbreiten
und sie von ihrem unmenschlichen, wilden Leben zu trennen,
rissen wir die Tempel nieder, töteten
jeden Eingeborenen, der uns entgegentrat.
Um sie der Versuchung zu entheben,
nahmen wir ihnen ihr Gold weg;
um sie demütig zu machen,
brandmarkten wir sie und schlugen sie in Eisen.
Gott segne dieses Unternehmen,
das wir in seinem Namen vollbringen.

José Emilio Pacheco, geboren 1939 in Mexico, zählt heute zu den bekannteren lateinamerikanischen Lyrikern. Er ist auch angesehen als Erzähler, Essayist und Übersetzer. Eine Auswahl aus seinem poetischen Œuvre erschien in Venezuela unter dem Titel »Ayer es nunca jamás« (Gestern ist niemals mehr), aus dem wir die bezeichnende kritische Wertung der heimischen Conquista-Vergangenheit ausgewählt haben.

Was weiss ich von Gott?

Was weiß ich von Gott?
Und schließlich und endlich, was geht er mich an?
Ich seh's mit an, wie der Mächtige Fußtritte in den Hintern gibt,
bei wem's ihm Spaß macht, eben darum, weil's ihm in den Sinn kommt,
daß es Hunde gibt, die besser fressen, als mancher Mensch sich nährt,
und wie über die Abfallkübel sich gierige Gesichter beugen
von Leuten, die die Schätze Sindbads zu suchen scheinen.
Und da spricht man zu mir von Gott,
wie wenn sie ihn im Hosensack mit sich trügen.
Macht keinen Schwindel!
Sprecht mit meinem Freund Pedro, der wegen lausiger zwei Pesos,
die irgendeiner von ihnen aufwendet, um mich aufzusuchen
und dann von Gott zu sprechen, seinen Sohn nicht ins Hospital
einliefern konnte,
den Kleinen, den wir Pijulito getauft hatten.
Und nachdem er die ganze Nacht geweint hatte, schwieg er zuletzt,
stumm und tot.
Oder Maria, die Frau des Crescencio Guido. Ihr kennt sie nicht?
Man las von ihr in den Zeitungen, da er vom Gerüst stürzte

und sich sonderbar das Rückgrat brach, und seitdem
liegt er nur noch im Klappstuhl, mit einer Decke über sich,
und so ißt er, wenn er ißt;
und so hat er zwei Kinder der Maria gemacht und dort verrichtet er seine
Notdurft,
und bleibt den ganzen Tag in seinem Kot, bis Maria heimkommt
und ihn säubert; und der Klappstuhl ist schon halb verfault von soviel
Unrat,
und Crescencio lebt allein noch in dem Gedanken, der Stuhl bricht,
und er fällt zu Boden und wird schwindsüchtig.
Aber ihr füllt euch den Mund mit dem ewigen Gott, Gott, Gott ...
Aber ihr füllt nicht den Magen, den schwarzen, faltigen Bauch
der alten Justina Plazaola, auch keinem ihrer vier Enkel,
die mit ihr betteln im Shanghai-Viertel oder in der Nähe,
und vor zwei Wochen hat man sie eingelocht, so ganz einfach,
weil sie der Stadt Schande macht, und sie wagte sogar, auf einem
Bürgersteig vor eurer Kathedrale zu schlafen. Ihre Enkel waren allein-
gelassen, und der Älteste, Juan Roberto, verprügelte dann
den dreijährigen Quico, weil »der Lümmel immer plärrt«,
und bei alldem, das erste, was die Alte unternahm, als sie
wieder frei war: eine Kerze aufstecken für den heiligen Judas Thaddäus,
den Patron der Armen.
Was geht mich schon Gott an? Oder, ich weiß nicht, vielleicht geht er
mich was an,
aber hört auf mit euren schleimigen Reden, Schluß mit dem Unfug ...
Wenn ihr wüßtet, die Tinita Salazar, wenn die zurückdenkt, daß sie
im letzten Jahr noch
wenigstens dreißig Pesos verdiente,
und jetzt: nicht für zehn Pesos wollen sie mit ihr gehen,
weil sie sich die Lungenentzündung holte, als sie in einer tollen
Nacht nackt im Meer badete. »Gott strafte mich«, sagt sie,
und es gibt Wochen, in denen sie nicht einmal auf zehn Pesos kommt,
und man duldet sie in keinem Freudenhaus, und sie weiß nicht wohin,
denn acht Jahre ihrer siebenundzwanzig führt sie schon dieses »Leben«.
Wo, wo ist Gott?
Im Jammer des Sohnes von Pedro, den wir Pijulito nannten?
Oder in der Angst des Crescencio, daß der Stuhl bricht,
weil er dann schwindsüchtig würde, den ganzen Tag auf dem feuchten
Boden?
Oder im Hunger der alten Justina, die nachts beim Anblick eines
Polizisten aus Angst Wasser lassen muß, und ihre Enkel lachen sie aus;

oder in der Häßlichkeit einer alten Dirne, mit der Tina Salazar nach
ihrer Lungenentzündung geschlagen wurde?
Wo, wo?
Kommt mir mit keinen faulen Ausreden!
Sehen wir zu, wie wir das alles hinbringen können und hernach, hernach,
wollen wir von Gott sprechen und dergleichen. Bis dahin:
haltet mich nicht für blöde!

Fernando Gordillo, geboren 1940 in Nicaragua, gestorben mit 27 Jahren an einer Krankheit, die ihn seit früher Jugend quälte. Auch vom Bett oder Rollstuhl aus wurde er einflußreich unter seinen Altersgenossen, zum marxistischen Studentenführer, der viel reiste und schrieb. Der große Hörsaal der Landesuniversität in Managua, der Hauptstadt, erhielt seinen Namen. Das eigene schwere Schicksal und die unglückliche Lage seines gepeinigten Vaterlandes machen seine harte Anklage und den bitteren Grundton verständlich.

Wälder Gottes

Bedeckt mit Broten und Honig
wie ein Hirtentisch, meine Seele kennt
keine Zeugen.
Es streichen warme Zweige vorbei,
der Herr der Landschaft hat nur
gelogen.
Einst verbarg ich auch meinen Tod. Wie heute,
so verbrannte das Feuer die Wahrheit,
meine Züge wurden bleich, es gab Glauben.
Ausgeplündert leben jene, die meinen Schmerz beabsichtigten,
mich von einem Gott trennten, den ich im Dorfe begeistert liebte.
Herr!
Wieviel Sammlung gab es im Tempel. Und heute,
wer raubt mein leeres Herz?
Gib mir das Licht wieder zurück,
und laß die Macht der Engel auf die Wälder herabfallen.

José Barroeta, geboren 1942 in Trujillo, im Innern Venezuelas, gab schon mit 17 Jahren in seiner Heimat einen Gedichtband heraus: »Perfiles« (Profile). Es folgten drei weitere. Einer heißt »Arte de anochecer« (Kunst des Dunkelwerdens), worin die Natursehnsucht (ähnlich wie oben) heranströmt: »Es gibt eine Kunst des Dunkelwerdens./Wer gelebt oder geträumt hat in Wäldern,/Lichtern und Dämonen,/weiß es.« In allem eine seltsame Suche nach verlorener Sicherheit – nach Gottesnähe?

Gebet in Venedig

Stumme Pflanzen recken sich hoch,
da die Fontänen der Brunnen absinken.
Immer war Streit zu vernehmen,
die Herde zieht ihren Weg, seit es Binsengras gibt.
Wir zerbrachen die Götterbilder, und Brocken gebrannten Lehms
verfolgten uns.

Heute lastet Regen auf Venedig
gleich einem Nebelschleier, Balkon zum Kanal und Schlinggewächs.
Die Flammen der Kandelaber zittern, der Haßwind
erschreckt die Lampen.
Das Meer liegt fern und wird neugeboren,
gespenstische Vögel segeln durch die Luft, von den
Bergen kommen Geräusche, krumme Krallen fliegen, und
drohend haken sie ein, wild, rasch, abscheulich.
Dieses Fenster ist ein Bullauge zur Hölle,
in den Mosaiken glänzt der Umriß des geflügelten Löwen,
da der Donner die Türme erklettert,
und das Wasser sich schmutzig wälzt unter der Brücke des Neuen Gettos.
Ein durchsichtiges Murmeln, es naht heimlich heran von
den vergessenen Steinen des Tempels in Jerusalem:
Shema Israel, Adonai Elohenu Adonai Ehat.

Leicht fahre ich mit liebkosender Hand über die rauhen
Bronzefiguren und erspüre die schwache Wärme der Lampen.
Unter diesen Torbögen schlafen sie, unter jeder Säule schlägt der
Alabaster,
und verletzte Vögel seufzen zwischen den Steinen.
Keine Wahrsagerei, keine Hexerei, kein Feingespinst,
nur verborgene Schleier hinter den Kapitälen
und diesem Meer von Glocken und Marmor, rückblickend
auf das Treiben der Inquisitoren, den Rauch der Krematorien,
zerbrochenes Ruderblatt und federlose Schwäne.

Es sind noch, o Herr, die gleichen Mauern geglätteten Steins,
es ist die gleiche ausholende Zierschrift auf Zedernholz,
Schmuck all dieser Gebetsräume, die einst Deine Gegenwart aussagten.
Einsamkeit ist Alleinherr, das Schweigen hat sich der Tempel bemächtigt,
niemand wagt ein lautes Wort; die Jordanwasser wälzen sich
trübe, und die Hirten verlassen ihre Schafherden.

Kein Lichtstrahl durchdrang das Wahnsinnstreiben;
die Dämmerung mit ihren düsteren Fangarmen würgte
langsam, beharrlich alle wehrlosen Hälse.
Die Wunden stehen noch ins Gesicht dieser Menschen geschrieben,
die mich ergeben anblicken, wie wenn sie mich nicht sähen.
Ich lese aus ihren blauen Augen die Schreckensstunden,
die Flucht über die verwüsteten Felder
und jene fürchterlichen, weisenden Schatten,
die nach dem Schrei der Sirenen die Straßen entlang huschen.

Hinter diesem Lächeln verbirgt sich Albdruck,
unter dem schweren Nebel verkriecht sich Erinnerung,
merkwürdiges Getier, Gefieder und blinder, wilder Fisch.

Hört, Herr, hört die Stimmen der Gerechten, hört die traurige
Musik, wie der Regen in Venedig fällt, das angstvolle Schluchzen
der Deinen.

Marcos Ricardo Barnatán, geboren 1946 in Buenos Aires, stammt aus einer ausgewanderten Familie spanischer Juden (Sefarditen). Er arbeitete literarisch, u.a. mit sechzehn bereits als Gründer einer Zeitschrift, dann ab dem 19. Lebensjahr als Student in Spanien. Barnatán ist nach Leben und Werk ein beachtenswertes Beispiel für den harten Weg dieser hispanischen Elite, die ab 1492 keine Heimat mehr auf der Halbinsel hatte, aber auf den Balkan, nach Israel und Amerika die alte Kultur weitertrug und dort pflegte.

Gott ist

Gott ist die Poesie,
Teil einer lebendigen Sonne,
ein Wolkensaum,
die köstlichen Farben
einer bestimmten Morgenröte.

Gott ist jeder Tag,
eine Zeit ohne Uhren,
eine grenzenlose Ordnung,
eine einzige Bewegung
der Welt und des Klangs.

Gott ist Musik und Rhythmus.
Gott ist meine Natur, die in

den Kindern Zuneigung weckt,
Seitenblicke
in kleinen, kalten Augen,
Güte, stumm geworden.

Gott ist deine Hand, offen
der Wärme der meinen,
mitgeteiltes Lächeln
früher Regen,
die Rätsel netzend.

Gott ist Donner und Schutz.
Gott ist Jesus, wie er
die Augen der Blinden liebt,
dem Hungrigen Brot gibt,
ist Jesus, der am Holze stirbt,
an Nägeln hängt,
hilflos leidend.

Gott sollte sein
meine klare Stimme,
meine ausgebreiteten Arme,
ein Wort zur rechten Zeit,
eine Hand auf der Schulter,
ein Schrei in der Qual,
ein gerades Angehen –
für die andern leben.

Gott,
sei in mir, was du bist
von Anfang an: alles.

Beschämung

An diesem Morgen schäme ich mich,
daß ich hier bin, sitzend,
mit der Tageszeitung in Händen,
mit meinem Buch von gestern,
mit meinen Worten.
(Ich habe die Augen geschlossen
und bat, daß dich niemand wegnehme.)

Wenige Schritte von meinen Händen
bist du, dein Kopf verhüllt.
(So vermeidest du die großen Gegensätze
und die Vögel, die kleinen, übersiehst du.)

Deine Hände sind kalt,
die Sonne kommt nicht bis zu dir,
dein Magen leer,
deine Fötusgeste schutzlos.
Die Leute daneben mit Lederhandschuhen,
Pelze,
Luxusschuhe,
und sie verwünschen dich, weil sie stehen müssen.

Und meine Beschämung taugt nichts,
denn sie heilt nicht.
Etwas bewegt sich nicht,
selbst wenn wir schon lernten,
        die Seele anzubinden,
selbst wenn wir es vermochten,
        Erschütterung zu unterdrücken;
denn dein Gesicht ist immer eisig.
Und ich bleibe ruhig.
Herr, die stumme Stimme schmerzt sehr.
Du littest für diese dort ruhende Einsamkeit –
mach mich so, daß ich
nicht unbetroffen bleibe
von seinem Blick.

Marta Márquez, geboren 1953 in Buenos Aires, ist Englischlehrerin und Sozialarbeiterin in ihrer Stadt. Ihre Poesie ist in Zeitungen und Zeitschriften Argentiniens anzutreffen. Man spürt eine starke religiöse Betroffenheit und soziale Wachheit in dieser engagierten jungen Frau.

Christus der Tiefen

Herr der tiefen Ozeane und der unglücklichen Schiffbrüche,
der gebrochenen Masten und gesunkenen Segler,
die kraftlos neigen den geborstenen Bug,
wo jetzt nisten Fischschwärme.

Aus dunkler Bronze ist deine asketische Figur
und deine Fußsohlen bedecken Meeressterne;
die beschwörenden Hände strecken sich nach oben,
deine Schläfe drückt nicht die Algenkrone.

Gewaltiger Herrscher über den reglosen Meeren,
wo der Wind nicht peitscht und der Sturm nicht brüllt;
wachsam und gelassen türmt sich auf dein Bild,
sanft geschaukelt vom Wiegen des Wassers.

Dort, wohin der Widerhall der Erde nicht reicht,
harrest du einsam, mit gebreiteten Armen,
wartest darauf, daß in deinen Schoß zu schlafen kommen
die schweifenden Seelen ruheloser Seeleute.

Für immer bleibst du in deinem verborgenen Ort,
ohne funkelnde Lichter in den starren Pupillen.
Christus der Tiefen, souveräne Majestät,
in der Nacht der toten Gescheiterten bist du Leuchtturm!

Jimena Silva aus Chile (ihre Lebensdaten waren nicht zu eruieren) veröffentlichte 1961 den Lyrikband »Tierra herida« (Verletzte Erde), der positive Aufnahme fand. Sie beklagt darin die verlassenen Äcker, das leidende Volk. Das übersetzte Gedicht entspricht auch den Erfahrungen der Seefahrernation an Amerikas Westküste . . .

Cuba – Lyrik drinnen und draussen

Innige Bitte an Gott

Wesen von unendlicher Güte, allmächtiger Gott,
Zu Euch fliehe ich, in meinem heftigen Schmerze;
breitet Euren mächtigen Arm aus,
reißt von der Verleumdung den häßlichen Schleier
und löscht dieses schändliche Siegel,
mit dem die Welt meine Stirn beflecken will.

König der Könige, Gott meiner Ahnen,
Ihr, o Gott, seid allein mein Verteidiger:
alles vermag, wer dem düstern Meer
Wellen und Fische gab, Licht den Himmeln,
Feuer der Sonne, Bewegung den Lüften, dem Norden Eis,
Leben den Pflanzen und Strömung dem Flusse.

Alles vermögt Ihr, alles stirbt
oder belebt sich nach Eurem heiligen Geheiß:
ohne Euch, Herr, ist alles nichts,
und die unerforschliche Ewigkeit schwindet,
und selbst das Nichts gehorcht;
denn aus ihm wurde die Menschheit geschaffen.

Ich kann Euch nicht täuschen, gütiger Gott;
denn Eure ewige Weisheit
sieht durch meinen Körper in meine Seele
wie durch die Luft zur hellen Klarheit,
verhindert, daß die Unschuld gedemütigt
und daß die gottlose Bosheit die Palme zerbricht.

Stört dieses Tun, Herr, um des kostbaren Blutes willen,
das floß, das die Schuld versiegelt der
Sünde Adams, und um jener reinen Mutter
willen süß und liebenswert,
da sie in Kummer, Trauer und Tränen
Deinem Sterben folgte wie ein Stern der Sonne.

Um jener willen, der seither verehrten,
da sie einst in Montserrat erschien,
von strahlendem Lichtschein umrahmt,
auf leuchtendem Rund und gefällig:
um Deiner verehrten Gemahlin willen,
die in ihrem göttlichen Schoß Dich trug,

spanne, Herr, den Strahlenbogen der Güte
und stoß das fürchterliche Ungeheuer in den Abgrund ...

Aber wenn es Deiner allerhöchsten Macht gefallen
sollte, daß ich wie ein verruchter Gottloser umkomme
und daß die Menschen meinen kalten Leichnam
schänden in grausamer Freude,
so ertöne Deine Stimme und ende mein Dasein ...
Dein Wille erfülle sich an mir, mein Gott ...

Gabriel de la Concepción Valdés, bekannter unter dem Dichternamen *Plácido,* 1809 bis 1844, cubanischer Mischling, zu Unrecht von spanischen Besatzern gefangen; unter falscher Anklage verurteilt und hingerichtet. Der gefällige Gelegenheitsdichter, Autodidakt, reifte mit dieser letzten Ode, in der Todeszelle geschrieben, zur »demütigsten Stimme unserer Lyrik« (Cintio Vitier) und zum Nationaldichter neben Zenea und vor Martí.

Dem Namen Jesu

Voll des Dankes nimmt der Wanderer in der kühlen Nacht
die heitere Flamme des warmen Herdes wahr:
dankbar empfängt jener unter der heißen Sonne
den dunklen Schatten der dichten Bäume,
dankbar vernimmt, wie süße Eintracht,
der Durstige das Rauschen des Brunnens,
und dankbar atmet in freier Luft
der dem engen Kerker Entronnene.
Dankbar nimmt auf endlich der Landmann den Regen;
dankbar der Krieger den Waffenruhm;
dankbar betritt den heimischen Boden der Pilger:
aber mehr als Luft, Schatten, Brunnen, Flamme,
Regen, Vaterland, Lorbeer, o göttlicher Jesus,
gibt Freude dein Name dem Herzen, das dich liebt.

Gertrudis Gómez de Avellaneda, 1814–1873, in Mittel-Cuba geboren, kam mit 22 nach Spanien, wurde Mittelpunkt des literarischen Madrid der Romantik. Sie gehörte beiden Vaterländern an und wird heute wieder mehr beachtet als produktive, vielseitige Autorin.

Gebet

Ich komme nicht wie vor Zeiten,
die Seele in Trauer,
um beim Festmahl des Lebens
neue Eingebung zu holen;
ich sinne nicht, der Harfe
eine Liebesballade zu entlocken;
noch denk' ich, die Wunden des
Herzens mit Blumen zu heilen.

Ich streb' zum Himmel, zu weiten
meinen unruhig suchenden Blick,
aber nicht als Künstler will ich
auf die blaue Welt sehen,
noch trunken die Bahnen der
Sphäre erkunden,
noch in den flüchtigen Wolken
die Wunder des Lichts.

Dich will ich suchen, o mein Gott;
und fiebern in meinem Begehren
mit den Rosen des Karmels
und den Gärten Sions,
träumen mit Babylon
und den Weiden Judäas,
mit der Sonne Galiläas
und den Wassern des Cedron.

Traurig komm' ich und bedrückt,
um einsam zu bedenken
die Geschichte von Kalvarien
und das Grab des Herrn.
Nicht wie in alten Tagen,
voll des Ruhms und Abenteuers,
als skeptischer Troubadour
die Schönheit zu besingen.

Wer entzündete in deinen Augen,
Seraphim meines Daseins,
die Strahlen der Unschuld
und die Züge der Scham?
Wer gab meiner schwarzen Zither

die melancholischen Klänge?
Wer schenkte meinen Lippen Lieder
und Feuer meinem Herzen?

Er war's: Gott allein,
sein Güte reicht aus
meine Hoffnung zu erhalten,
meine Tugend zu erhalten ...
Schenk auch, o mein Gott!
wenn ich dem Tod erliege,
Immortellen meinem Grabe,
Lorbeer meiner Laute ...

Wenn einst mich berauschte
der süße Trunk der Vergnügen,
die Liebe der Frauen
und der Schwall der Feste,
wenn im Schwung des Tanzes
ich einen Triumph ohne Ende fand
und ich gerne mich verabredete
in den Pfaden der Gärten,
so badete ich auch mit Tränen
die Wunden, die Stacheln meinen Füßen schlugen,

und ich erstickte in der Kehle
die schmerzlichen Seufzer,
und auf jeden Augenblick des Glücks
kamen Tausende der Qual,
und dunkel ward mein Denken
und voll Trauer mein Herz ...

Steh bei, o Herr, den Menschen,
wie Du dem Vogel Federn gibst
und dem Brunnen Schaum,
Zephirwind dem Meere;
spend Brot dem Bettler,
Erleichterung dem Leidenden,
und den Unglücklichen in der Ferne
führe zurück zum heimischen Himmel.

Juan Clemente Zenea, 1832–1871, mit Plácido der andre unglückliche Nationaldichter Cubas im 19. Jahrhundert; wiederholt in Aufstände verwickelt, kam er zwischen die Fronten: 1870 gefangen, dann verurteilt, 1871 erschossen. – Im Stil zart und schwermütig.

Pax Animae

Sprecht mir nicht von irdischem Glück,
darnach streb' ich nicht mehr. Mein Herz ist
schon tot, und schwarze Raben schwirren um
seine offene Landschaft.

Ich habe keine Male von früher an mir, und
zuweilen zweifle ich, ob ich noch lebe;
denn mir scheint das Leben eine Wüste,
darin Gespenster umgehen.

Schwach seh' ich einen Stern im Schleier
der dämmrigen Regennebel,
und im Schweigen des tiefen Schlafs

allein dringt an mein Ohr von ferne
etwas Seltsames und Verwirrtes und Geheimnisvolles,
das mich weit wegzieht aus dieser Welt.

Julián del Casal, 1863–1893, Sohn der Hauptstadt Cubas, wo er lebte, ohne Aufsehen, kränklich, dort früh verstarb – während der Arbeit an seinem 3. Gedichtband. Ein großer Künstler des Wortes und Pessimist im Alltag, bewirkte er den Einbruch der Moderne in die amerikanische Romania: »und meine blasse Braut, die Trauer ... grenzenlos der Drang allein zu weinen ... Weshalb, o Gott, gabst Du meiner Seele soviel Trauer ... Die tiefe Trauer des Menschen ... Die unendliche Sehnsucht nach einer andren Welt ...« So und ähnlich lauten seine geflügelten Verse, die über ganz Amerika Verbreitung fanden und in denen sich auch das »mal de siècle« um 1900 ausdrückt.

Sepultus est

Christus, auf jener Erde, die Du erlöstest,
die Du, Verbrechen löschend, an Liebe übertrafst,
wer hat dort Deiner sich erinnert?
Wer folgte den Lehren, die Du gabst?

Fremd ist den Seelen Dein traurig' Bild,
es sank in Schatten, die Du verjagt,
und in der Welt, der Du das Heil gebracht,
brach wieder auf die Wunde, einst verschlossen.

Blindlings verloren im Leben geht der Mensch
mit tastendem Schritte,
dem göttlichen Halt wehrt seine Hand;

Und spricht noch jemand Deinen süßen Namen,
im Glauben, daß Du auch im Jenseits lebst,
will Dich die blinde Menge wieder kreuzigen?

Dulce María Borrero, 1883–1945, zählt unter die guten frühen Lyriker der ersten Generation des »freien Cuba« nach 1900. Eine feinsinnige Landschafterin, weiß sie auch fromme Töne zu treffen. (Nebenbei: Der von uns herangezogene Gedichtband »Horas de mi vida« [Stunden meines Lebens] erschien 1912 in Berlin!)

Pax Animae

Herr, auf dem Wege, der zum Ende weist,
trag' ich so tödliche Last des Tages,
daß, Opfer ich der Greisenlast, die
starke Seele Rast im Nichts sich suchen sehe.

In vergangener Zeit gab nie das Geschick
mir ruhige Stunden müßigen Lebens.
Wo liegt das wüste Hochland ohne Zweck?
Wo wird mein tatenloser Traum wahr werden?

Gibt es den Ort im Land, die Meeresinsel,
die Friedensherberge, wo nicht gelebt und
gestorben wird in grimmem Wettstreit?

Herr der Schmerzen, Herr der Trauer,
sagt mir, wo ich neigen kann mein Haupt,
sagt mir, wo ich finde eine Statt des Friedens?

Mariano Brull, 1891–1956, war, einer spanisch-cubanischen Ehe entstammend, Diplomat von Beruf, wurde zum großen Formkünstler und Sprachmeister, später benachbart dem Dadaismus Europas. (Eine Generation nach Casal, dennoch gleicher Gedichttitel und verwandte Stimmung, nur intensiver.)

Herr, wenn Du kommen wirst ...

Herr, wenn Du kommen wirst
nach dem Gemetzel
– gesäubert das Dornenfeld,
die Toten in heiligem Frieden –
und verteilen wirst in der Welt
Deine Liebe und die Demokratie,
welche Freude wird sein auf Erden
nach dem Gemetzel!

Daß jedes Menschenwesen erreichen,
Herr, Deine milden Gaben;
daß alle Satten bleiben
im Reiche Gottes;
daß nicht nur die Reichen
Deine Gunst genießen;
daß nicht nur die Starken
Deine Segnung empfangen.
Erinn're Dich der Schwachen
und der Armen auch.

Auf daß ewig währe, Herr,
Deine gütige Gnade,
und die Menschen Dich loben
nach dem Gemetzel.

Verteile edelmütig
in der Welt Deinen Himmel:
jede trockene Hand
laß neu aufblühen;
denk an den Einarmigen,
den Lahmen und den Blinden,
an den, der Gerechtigkeit erhofft,
und auch an die Hunde.
Und, o Herr, der Du liebst,
erinn're Dich des Negers.

Verteile gleich
Deine irdischen Schätze:
das Brot, das Salz, das Wasser,
die Blume, das Getreide, das Dach;

daß niemand halte für dunkel
oder versperrt Dein Reich;
daß die Sonne an Deinem hohen
Himmel für alle leuchte.
Herr, der Du das Licht bist,
gib auch dem Neger Licht.

Auf daß ewig währe,
Herr, Deine milde Gnade,
und die Menschen Dich preisen
nach dem Gemetzel.

Regino Pedroso, geboren 1896 in der Provinz Matanzas, mittleres Cuba, ist ein Mischling von chinesischen und Neger-Vorfahren. Darum auch seine dichterische Neigung zu China, die sich in rund der Hälfte seines reichen Werkes ausspricht. Autodidakt, in verschiedenen handwerklichen Berufen tätig, dann Journalist und unter Castro Kultur-Diplomat. Dieses Gedicht entstand schon 1944, 15 Jahre vor Castros Aufstand und Sieg, nüchtern und doch beredt ...

Biographie

Er hat die fünfundsechzig Jahre durchlaufen.
Er hat viel geliebt, aber nicht oft ...
Noch immer liebt er sehr. Die Sonne, die Bäume,
den Frühling, den Winter. Sein einsames Haus
und seine Erinnerungen.
Noch immer liebt er sehr ...
Wenn er einmal sterben wird
– oh, daß es nicht so bald geschehe –,
werden sie von ihm sagen: Er war ein guter Mensch.
Vielleicht sagen sie auch: ein wenig treuherzig.
Oder auch: Er liebte sehr.
Um seiner großen Liebe willen möge Gott ihm verzeihen.

Reisegedichte aus Spanien

Christus der Straßenleuchten:
Wie Du siehst, bin ich gekommen
Dich zu sehen,
ganz allein und mitten in der Nacht.
(Córdoba)

Namen von gestern. Buchstaben
in Haufen,
keine Antwort.

Wenn auch das Meer ständig spricht,
das Kreuz antwortet uns nicht.
(Friedhof von Port-Bou)

Die Steinflammen
in beständiger Wacht
heben vom Boden in die Luft
die Sagrada Familia.
Und durch den Stein späht
der hohe Himmel,
um im Gegenlicht zu krönen
die Jungfrau Maria.
(Vor der Kirche Sagrada Familia
in Barcelona)

... DER DU BIST IM HIMMEL ...

Ich hab' Dich oft gesehen.
Ja, aber in jener Nacht ...

Ich sah Dich am Abend des Gewitters,
mit einer feurigen Peitsche,
in Wassern, die aus der Höhe stürzten,
und in Wolken in rasender Fahrt.

Ich sah Dich an einem anderen Abend, blau,
zwischen die Bäume gefallen,
um aufzublühen wie das Mondlicht
im Grün bei der Bacheskälte.

Ja, aber in jener Nacht ...

Immer wo die Schönheit ist, da sah ich Dich:
im Tode, den die Sonne schlug,
rosiges Morgenlicht des Engels und der Schwalbe,
und im echten Gelächter wie in der Klage.

Ja, aber in jener Nacht . . .
Jene Nacht, da ich Dich sah,
war wie: das ganze Universum sehen.
War wie ein Dir-Gegenüber-Sein,
bloß die Seele – so klein wie
das Licht des Leuchtkäfers,
ängstlich wie ein Hirsch am Wegesrand.
Da waren so viele Lichter,
es war ein einziges Licht, das noch kleinweise
brannte – es waren Millionen Küsse, entgegenflammend.
Mehr noch als alles, da war das Begehren,
vor Deiner Schönheit kniend zu weinen,
auf den Boden sich zu legen,
geblendet vom Blick auf Dich
und von der Vielfalt an Licht in der Seele
– hell im Dunkel wie die Sterne –
so daß mir nie mehr Licht fehlen wird,
noch Du je von mir ferne bist.

Eugenio Florit, geboren 1903 auf Cuba, von spanischen Eltern, aufgewachsen in beiden Ländern, beruflich an die USA gebunden, seit langem versteckt im Häusermeer von New York, zuletzt Miami. Seinen Ritterschlag als Lyriker erhielt er noch vom großen Juan Ramón Jiménez, dem spanischen Nobelpreisträger; die Grundthemen des feinsinnigen, stillen Mannes sind Natur, Liebe, Glaube. Politik betraf ihn nie, die Kunst ging ihm über alles. Als Mensch so liebenswert wie als Dichter, auf der Insel weniger beachtet, in Deutschland unbekannt.

Herr, der Du es wolltest . . .

Herr, der Du es wolltest: wozu wurde ich geboren?
Wer brauchte mich, wer hatte mich gefordert?
Welchen Auftrag gabst Du mir? Und warum erwähltest Du mich,
mich die Unnütze, die Schwache, die Müde . . .? Die Traurige.
Ich, die nicht einmal weiß, was gut und böse ist,
und wenn ich die Rosen suche und dem Schlamm ausweiche,
so geschieht das nur aus Anlage . . . Es ist kein besonderes Verdienst
dabei, wenn man leicht einem guten Instinkt folgt . . .
Und mehr noch: Gelang mir auch immer das, was ich erstrebte?
Bin ich selbst die, welche ich sein wollte?

In welchem Seelendämmer verstreute ich den Kummer?
Wen habe ich auch nur eine Minute lang glücklich gemacht?
Welch verdunkelte, gesenkte Stirn wurde sogleich erhellt dank
der Beschwörung durch mein armseliges Lächeln?
Wurde irgend jemand durch mich vom kleinsten Leid befreit?
Wozu war mein Lachen, wozu meine Klage nutz?
Und endlich, wenn ich von hinnen geh' kalt, bleich und untätig ...
Was laß' ich im Leben zurück? Was nehm' ich mit in den Tod?

Dulce María Loynaz, geboren 1903, Kubanerin, zählt ebenfalls zu den Klassikern ihrer Insel, echte Frauendichterin von Ansehen, wenn auch zur Zeit aus den Anthologien verschwunden.

Wie Gott seine Zärtlichkeit verheimlicht

Wenn Du auf meine ängstliche Frage nicht antwortest,
weiß ich, daß ich nur eine kleine Biene an Deinem Ohr bin,
schweigender Gott, unbekannter Gott,
warum verbirgst Du Dich um so mehr, je mehr ich Dich suche?

Die Wellen der »wann« und der »wo« werfen ihre Schatten
auf den verlorenen Strand, wo ich rufe ...
Wenn Du nicht schläfst,
vielleicht umkreist Du meinen glimmenden Scheiterhaufen

wie ein Leuchtkäfer, hoch oben im Dunkel meiner Nacht,
oder liebender Vampyr, der aus der Ader sich
langsam saugt mein unreines Blut.

Wie nährst Du mit Licht Dein Geschöpf,
während Du es verschlingst? Wie geheim, wie
geheim, Herr, ist Deine Zärtlichkeit!

Vom Todeskampf

Mitten in meinem Schatten habe ich Dich geliebt,
o Herr des Stummen und der Schmerzen:
mein Glaube kann sich Deiner nicht erfreuen,
er ahnt Dich, und im Schmerze seh' ich Dich.

In der Asche fand ich Dich, und Du warst
der Liebe Lava, glühende Kohle,
die ich legte auf meine leidenden Lippen
im Wunsch, verliebt Dich zu kosten.

Und gestärkt das Herz von Deiner Frische,
drang in mein Inneres Dein Tau,
und der Brand verflog.

Du warst der Vater, nun zum Fluß geworden;
Weinstock und Ähre, reife Wahrheit ...
die Träne im Kelch, o mein Christus!

Emilio Ballagas, 1908–1954, wie Brull aus Mittel-Cuba, Literaturprofessor und mehr noch Lyriker. Als solcher »poeta puro« in naiver Unschuld, der auch dem Negertum literarisch die Bahnen weiter öffnete, ohne ihm anzugehören (gleich dem auch rassisch fremden Palés Matos auf Puerto Rico).

Sor Juana Inés de la Cruz

Lilie der Meseta von Anáhuac: die Stirne
kraftvoll wie die weißen Kämme der Vulkane,
durchglüht vom Feuer hohen Dranges
und beschwingt das Denken von mutigem Trieb.

Berufen zum Höhenflug des Geistes,
zähmte sie ihre kühnen Adler
und querend innere Bleiben auf flüchtigen
Sohlen, gab sie fürs ewige Leben hin der Erde Zufall.

Ixtaccihuatl menschlich! Merkwürdiger Widersinn
macht sie zum Vorbild abtötender Selbstzucht
– Schnee auf den Gipfeln, Feuer tief im Innern! –,

und da ihr Geist sich allen Spiegeltrug unterwarf,
sah sie gelassen aufs gewaltige Bergmassiv
und schwang sich über Gipfel hin und Abgrund gen Himmel.

Mercedes García Tuduri de Coya, um 1910 in La Habana geboren, hauptamtlich Philosophiedozentin an der Katholischen Universität, 3 Gedichtbände (1935, 1947, 1968). Sie stellt mit ihrem Lobpreis auf die große Frau Mexicos sich in deutlichen Gegensatz zu der jungen Landsmännin Belkis Cuza Malé mit der gleichen, aber radikal verwandelten Thematik.

Und wenn uns beim Tode keine Flügel geschenkt werden?

Aber wenn Du herbeieilst, dort seh' ich dich,
Welle um Welle, umhüllender Mantel,
der mich einladen will zu meinem Glauben:
mein Paradies und Dein Wort, das fleischgewordene.

Vom Baum herab wird prächtige Sprache zufallen,
der Tod wird kein Drohklang mehr sein,
Dein Schatten wird die Ewigkeit verkürzen.

Gottesgebärerin, Mutter Gottes. Sanft ist die
Last des Enttäuschten, um zu sein,
mußte er das Getreide vom Vogel trennen,
den Vogel von der Blume, Nicht-Sein vom Lieben.

Seinen Jasminstrauch nährend, wächst der Tod.
Die eine Hälfte, die Erde, neigt sich und weint,
die andre, eine neue Begegnung, fällt zu und strahlt auf.

Aus dem Glauben, der aus dem Nichts keimt,
und aus dem Nichts, das in den Glauben stachlig sticht,
springe ich hoch wie eine Zauberkugel, ganz ohne Fehl,
entlohne mit Blut den gelungenen Weg.

Der Fels ist der Vater, das Licht der Sohn,
der Wind dagegen der Heilige Geist.

Ich beginne – denn ich weiß, daß jemand mich hört –
das schon bei meiner Geburt Vernommene.
O meine Mutter, ich bin ganz ausgelöscht,
ich schicke mich an, den Staub zu verbrennen,
wecke mich, wenn Eloisa mit ihrem Sohn kommt.

Ach, der Du entschwindest im Augenblick,
da Du am meisten greifbarer Begriff geworden.

Ich war da, aber ER wird sein,
wenn ich reines Erkennen bin,
der Stein, dem Winde ausgesetzt,
das ägyptische Linnentuch wird mich umhüllen.

José Lezama Lima, 1912–1976, nach allgemeinem Urteil das größte dichterische Talent Cubas im 20. Jahrhundert, Poet auch in der Prosa und reiner Ästhet, darum nicht populär und unterm Castro-Regime ein völlig Isolierter. Die von uns ausgewählten relativ unverschlüsselten Strophen (eine Seltenheit bei ihm) gab Schwester Eloisa, Emigrantin auf Puerto Rico, den Briefen ihres verstorbenen Bruders als Anhang bei (Madrid 1979).

Worte eines Unschuldigen, in den Sand geschrieben

Lassen wir einige Tropfen des Schreckens auf die Süße der Welt fallen.
Schau deinem Herzen ins Angesicht, denk an die schreckliche Schönheit
und verzichte.
Die Greise zittern schon vor dem Hauch des Todes.
Die Greise, die selbst einmal schreckliche Schönheit waren.
Sie, die einst die zarten Hände des Knaben im Sand verwirrten,
sie sind es jetzt, die schon vor dem Hauch des Todes zittern.
Denk an seine Schönheit und denk an seine Häßlichkeit.
Auch die schönsten Wesen begleitet ein Gespenst.
Sie sind es, die jetzt schon vor dem Hauch des Todes zittern.
Entflieh, zarter Knabe, der Wahrheit deiner Unschuld.
Und allen denen, die glauben, nicht unschuldig zu sein,
und die sich nach vorne drängen und sagen:
Ich weiß.
Lassen wir diesen unschuldigen Knaben für immer am Leben.
Denn er kritzelt ohne Unterlaß Wörter in den Sand.
Und er weiß nicht, ob er weiß oder nicht weiß.
Und er wohnt bei dem Schauspiel der Schönheit wie dem lebendigen
Körper Gottes.
Und er spricht die Wörter, die er am Himmel liest, die Wörter, die ihm in
den Sinn kommen, im Wissen, daß sie in Gott ihren Sinn haben,
und weil er traurig dem Schauspiel seines Lebens beiwohnt.
Denn er ist in der Hand Gottes. Der wird einst kommen aus der Wirrnis.
Er sucht den geringsten seiner Söhne, verloren und vergessen im Parke.
Und weil er weiß, daß Gott auch der Schrecken und die Leere der
Welt ist.
Und die kristallene Fülle der Welt.
Und weil Gott aufragt im leuchtenden Körper
der Wahrheit wie im düsteren Körper der Lüge.
Laßt ihn für immer
am Leben.

Und der Knabe am Strande antwortet: Danke!
und eine Stimme antwortet ihm:
Es sei Paulus,
es sei Kaiphas,
es sei die Welt,
es sei das Leben,
es sei der Tod,
es sei das Gegenwärtige,
es sei das Zukünftige,
alles ist euer:
und ihr seid Christi,
und Christus Gottes.
Leg dich wieder schlafen.

Gastón Baquero, geboren 1916 in Ost-Cuba, ehemaliger Agraringenieur, schon früh bei Presse und Poesie angesiedelt, ab 1959 in Spanien als Journalist, Lyriker und Essayist. Baquero war nie ein engagierter Protestierer (aber ein aufgeschlossener Reisender).

Ach, von meinem dunklen Gott empfing ich . . .

Ach, von meinem dunklen Gott empfing ich
unerwartet diese ewigen Herolde:
die Armut des Kindes, sein Jammern,
überdeckt vom Morgenrot, die täglichen

und schmutzigen Höllen, die man vergißt:
die alte Wunde, die elende Brühe . . .
Sie lenken hin die Augen zu mir,
in der Hoffnung meines Zuspruchs

oder um ihre Besorgtheit mir zu deuten,
wenn sie mich weinen sehen . . .
aber diese Klage legte alles bloß

in grellem Lichte, erschloß den einzigen Trost mir
– nackter Fels des Schmerzes oder Schreckens! –,
auf den bis zum Tod ich mich stützen kann.

Cintio Vitier, geboren 1921 in Florida, USA, aufgewachsen in Matanzas, Mittel-Cuba, Lehrer und Forscher, einer der engsten Freunde des Regime-Absentisten Lezama Lima. Vitier schreibt – gleich Lezama – eine herbe, verschlossene Poesie; spät schloß er sich doch noch der Staatsdoktrin an.

Geburt

O dunkle Töne deiner Milde,
dunkle Bäume im dunklen Abend,
die dem ruhigen Herzen den Schein
einer heiligen Schwelle von Gold und Smaragd spenden!

Schatten Gottes, Farbe des Zögernden,
der du die Familie sammelst mit
deinem Lichte um den Herd, wo
Bäume in langsamer Gewißheit stehen.

Schatten Gottes, Farbe des Gewichtigen,
wie ein goldenes Dorf wach wird durch
den Klang der Zither, so spür' ich

deine Armut über den dunklen Herden, über
dem herrlichen Tag, daß ich dort tot ruhen
möchte; denn dein Schatten allein gibt mir Freude.

Fina García Marruz, geboren 1923 auf Cuba, Gattin von Cintio Vitier, 1951 erster Gedichtband, gehörte auch zum Freundeskreis um Lezama Lima, gilt als Meisterin des knappen Stils, empfindsam feminin. (Das Ehepaar wich neuerdings auf wissenschaftliches Arbeiten aus.)

Kleines Gebet

Herr,
laß mich sein mehr als ich selbst
damit ich blindlings,
unwissentlich,
frei von Fragen,
zu Dir komme ...
und das genüge.

Sag mir, Herr

Sag mir, Herr, daß mein Garten
Trauben weißer Beeren hat
und einen Strom von Träumen und Regenbögen
und so duftigen Tau, daß er meine Augen erfrischt.
Sag mir, Herr, daß Flügel hat
mein Gesang und Ziel mein Wort,
daß mein Fuß unbegangene Wege auftun wird
für diesen Knaben, der sich an meinen Rock klammert
und um Almosen bettelt
aus seinen Waisenaugen.
Sag mir, daß die Dornen Rosen tragen
und Musik und Poesie das Stillschweigen;
daß es schlafende Uhren gibt
und schlaflose Liebkosungen;
daß hinter der Trägheit die Ameise sich versteckt hat
und hinter dem Raben die Nachtigall und ihr Triller.
Sag mir, daß es Inseln gibt mit grünen Kräutern
und Aufwachen
und Würde und Vaterland.
Sag mir, Herr, daß ich dieselbe bin –
seltsam sich gleich, fest in der Zeit –
zwischen der senkrechten Wacht des Todes
und dem zerbrechlichen Traum des Lebens.

Amelia del Castillo Martín, aus altem andalusischem Adel stammend, geboren 1925 in Matanzas, Mittelcuba, lebt, verheiratet und berufstätig, in Miami. Sie ist seit 1972 als Autorin von vier Gedichtbänden, ferner als Erzählerin und Musikerin bekannt geworden. Über ein Dutzend Preise fielen ihr zu. Der Gehalt ihrer Poesie bezeugt Tiefe, sie ist melancholisch und mutig zugleich, ohne Pathos: Teil der bedeutenden Frauenpoesie Cubas.

Den Bäumen im Friedhof

Diese Bäume nähren sich
von dem, was wir waren, von dem, was wir sein werden:
Holz aus Augen, Zweige,

in denen man riecht, beim Näherkommen, der Gebeine
Ausdünstung.
        Zum Glück, die obersten Blätter,
die von den Haaren, vermengen sich
mit dem Abendwind, dem sanften Wind,
der streichelt die ersten Klumpen über den Kadavern.

Auf einen Dichter von einst

Er lebte. Er litt. Er starb. Monotonie?
Entzücken? Urteile, wer's kann.
In seinen Tagen liebte er die Zeit und den Raum.
Heute bleibt ihm fast kein Platz, und nichts
von jener Zeit, die die unsre verschlang
und vielleicht ihn mit, in Gestalt von
Vögeln, Schnecken und Kräutern.
Seine Geschichte ist uns entschwunden.
Etwas ist uns zwar überkommen von ihm:
Sie feierten ihn als einen, der er nicht war,
und sie tadelten ihn für das, was er nicht tat.
Ach, Dichter von einst!
        Ach, Dichter!

Roberto Fernández Retamar, geboren 1930 in La Habana, viel auf Reisen, 1983 auch in Deutschland; akademischer Lehrer, Essayist und Lyriker, bestimmender Kulturfunktionär unter Castro. Rund ein Dutzend zumeist sehr engagierter Gedichtbände ohne jede metaphysische Fracht.

Weil Du zu mir kommst und ich Dich empfange

Weil Du zu mir kommst und ich Dich empfange wie ein ummauerter Ort,
    erkenne ich, daß Deine Stimme die eines Bettlers, der wir
    alle waren.
Mancher Tag endete mit Deinem Besuch, und andre fingen damit an!
Du wolltest, daß unsre Türen offen stünden, um den Schmerz einzulassen:
    so würde Dein Bettlertum zum unsrigen.
Du hast vollendet: so wie Du jetzt teilst das Brot Deines Reichtums und
    wir das Nichts unsrer Armut.

Und deshalb besteht das Reich fortwährend,
und auf daß es so bleibe, bitten wir aufs neue um Hunger, stehen am
Stadttor, wenn Du vorbeiziehst,
damit Dein Tritt uns erbeben lasse und wir unsre Geschichte mit
Deinem Widerhall vollenden.
Gott, diese Armut erbitten wir von Dir zum Herrschen.

Carlos M. Luis, geboren 1923 in La Habana, Mitarbeiter an Cubas bester literarischer Zeitschrift, »Orígenes«, Schützling des großen Lyrikers und Romanciers Lezama Lima und ab 1961 dessen Korrespondent in New York. Mehrere Gedichtbände. Allmähliche Lösung vom heimischen Vorbild.

Bittgebet vom Vorabend

Ich nahe Dir mit meinem traurigen Lächeln.
In meinem Todeskampf singe ich ein Liebeslied.
Ich erleide, Herr, nichts andres als Du:
Ich sterbe am Kreuz und verzeihe dennoch.

Ich hinterlasse eine Liebe, schwebend auf einem Stern,
und einen Sohn, der nur in der Phantasie lebt.
Die Liebe stirbt mit meiner Spur,
und der Sohn wird leben nur im Gedicht.

Ich lasse zwei unglückselige Alte zurück,
die in Tränenfluten versinken.
Sie verstanden noch nicht die Sünde,
einem Träumer das Leben geschenkt zu haben.

Ich hinterlasse ein Buch, Herr, mein Wunschgebilde.
Eine Furche meines Blutes, ein Lächeln.
Ein Volk in Trauer, ein singbares Lied
und einige bittere Verse im Winde.

Gute Freunde lasse ich auch zurück, Pilger,
die durch mich leben lassen werden, was tot ist,
und sie werden über alle Straßen wandern,
in der Wüste Gärten weckend.

Manuel Francisco Artime Buesa, geboren 1932 auf Cuba, veröffentlicht nach Gefangenschaft 1963 im Exil diese »Marchas de guerra y cantos de presidio« (Kriegsmärsche und Kerkerlieder) in einer Auflage von 10000 Exemplaren in Miami.

Sonntagmorgen

Einsamer Sonntagmorgen,
eine große Langeweile fesselt mich am Ort,
das Glockengeläute, auf das kann ich verzichten.
Da liegt ein aufgeschlagenes Gebetbuch, gut für mein Blut
– nie hielt ich es für eine Brücke.

Das Kind ist ein Kind,
weil es so ist;
die Morgenröte ist bleich wie die Unschuld,
weil es so ist;
manchmal sind wir gut, und manchmal sind wir böse,
weil es so ist;
es gibt Blinde, Arme, Bucklige
und Stumme und Dichter,
weil es so ist;
es gibt unglückliche Liebschaften,
weil . . . ich weiß nicht weshalb.
Aber dies Warum schreit auf an den Sonntagen
und schreckt sie und jagt sie.

Jetzt könnte ich mich sogleich flüchten
unter den Schleier der Kirchgängerinnen und
auf dem Bürgersteig losmarschieren als eine
von ihnen, gleich den andern,
die sonntags hinter den Mädchen herlaufen,
Lächerliches denkend oder gar nichts.

Ach, was ich habe, das läßt sich nicht beten . . .!
Ich habe nichts zu erbitten.
Außerdem will an den Sonntagen viel
Volk zu gleicher Zeit mit Gott sprechen.
Warten wir doch besser auf den Montag.

Noch besser hoffen wir, daß ein Tag komme,
wie es ihn bei uns noch nie gegeben hat.
Dies wird der einmalige Tag sein!
Dann bedarf es keiner Glocken mehr,
und das Blut selbst wird Gebetbücher abfassen,
und wir werden Anliegen zu beten haben,
weil ein Gott sein wird, der so nahe ist,
daß wir ihn alle erreichen werden.

Bis dahin, laßt mich
so am Sonntag, laßt mich
weinen wegen der Kinder,
der Morgenröte, der Guten und der Bösen,
der Unglücklichen, der Dichter und . . .
Oh, laßt mich weinen an diesem Sonntag!

Dora Varona, geboren 1932 in Santiago de Cuba, dem Zentrum des Ostens. Sie trägt einen berühmten Intellektuellennamen Cubas. Der Zwanzigjährigen, die eben die Ausbildung zur Volksschullehrerin abgeschlossen hatte, brachte ihr erster Gedichtband ein spanisches Stipendium und längeren iberischen Aufenthalt. Sie heiratete einen der ersten Romanciers Perus, Ciro Alegría, der früh starb.

Das Bild des Engels

Gott mit mir, ich mit ihm,
Er voraus, ich hinter ihm.
Damit diese Nacht sei
ohne Furcht und ohne Schrecken.
(Altes Nachtgebet der Kinder in Cuba)

Aber wenn das Böse von hinten käme?
Wie wußte Gott, daß der Teufel uns
im Rücken nahen könnte?
Kindliche Vorahnung von der Sichel,
die anstatt der schwarzen Zauberhand
an einem Sommertag durchs Fenster kam.
Prophetische Anzeichen, abzulesen
an der vom Alter dunkelfeuchten Hauswand,
an Nebelschleiern, Klippen, Abgründen,
über die der leichte Fuß des Engels
schwebte in einer christlichen Vorstellung von der Welt.
Der Engel ging voran dem Schritt der Kinder
über eine Brücke, die nur von leichten Stricken gehalten war.
Unten zogen Nebelschwaden und
hinten ein Gießbach graugrünen Wassers.
das gab dem Bilde den Klang von Unheilsgetöse.
Fern aller Sinnbildsprache,
ganz hingegeben der hellstrahlenden Gegenwart,
löschte der Traum die Höhle
des Bildes.

Der Zyklon

Besänftige, o Herr, Deinen Zorn,
Deine Gerechtigkeit und Deine Strenge.
Gütiger Herr meines Lebens:
Erbarmen, o Herr!
(Altes Bittgebet des Volkes in Zeiten des Zyklons)

Der Zyklon war damals nicht
das andre, das teuflische Gesicht der Winde,
sondern eher eine Jungfrau, halb im Schatten verborgen,
die den Rosenkranz aufsagte,
um das bedrohliche Schwanken
jahrhundertealter Mauern aufzuhalten;
die magische Verwandlung des Schreckens
in süße Furcht.
Wo nur mochte die Möwe bergen
die schwingende Kapelle ihrer grauen Flügel?
Wie würden sich die Singvögel retten?
Tücher verhängen die Spiegel,
auf daß nicht niederfahre
die zuckende Geißel der Blitze,
und dann noch Aschenkreuze auf dem Fußboden.
Im Schranke drängten sich neben-, aufeinander
die bunten Fächer aus Sandelholz,
alte Stickereien,
Ahnenbilder.
Die einzelnen Weidensträucher
wankten im Lichtstrahl der Tischlampe,
erfanden neues Spielzeug:
Feen in Pilgerkleidung,
gefällige Teufelchen mit lustigem Schwanze.
Der satte Geruch von Schokolade kam auf,
und die Männer, mit aufgekrempelten Hosen,
feucht vom Meeresodem,
stürmten treuherzig auf die Straßen,
mit erhobenen Fäusten die Hoffart des Wassers beschwörend.
Der hochgeschwollene Rumpf der Wogen
riß genüßlich an sich
Stücke unsres Strandes.
Anders das Licht am nächsten Tage, es
tastete vorsichtig um die Baumwurzeln,

die wie geopferte Riesen
regungslos im Park lagen.
Nur langsam, fast ängstlich,
erwachte das Leben von neuem unter den Ruinen.

Edith Llerena, geboren 1936 in La Habana, begann ihren künstlerischen Weg als Balletttänzerin und betätigte sich mehrere Jahre als solche. Erst mit 32 Jahren schrieb sie Poesie, vielleicht getrieben von den starken Eindrücken in einer veränderten Welt: zuerst zu Hause auf der Insel, dann ab 1974 in Spanien. Vier Bücher Jugendpoesie, im übrigen Gedichte der Sehnsucht nach Kindheit und Heimat, rückbesinnlich, echt. Der neueste Zug in »Canciones para la muerte« (Gesänge für den Tod, 1982) ist wild, spröd, wie man hergebracht sagt: tropisch-barock. »Mehr Labyrinth als Spiegel«, in der Rede »überschwenglich, bezwingerisch«, so ihr Landsmann Armando Alvarez Bravo im Vorwort.

Aus: Kerker von Boniato, Bericht eines Massakers

VIII

Gerardo war ein cubanischer politischer Gefangener,
Prediger der Bibel und der Hoffnungen,
stets hatte er ein Stück des Himmels in seinen Händen
und in den Augen ein wenig Sonne;
wir hießen ihn Bruder des Glaubens;
denn er schenkte ihn uns.
Er hob die Arme empor zum unsichtbaren, gleichgültigen Himmel:
»Verzeih ihnen, Herr, sie wissen nicht, was sie tun!«
und der Leutnant Pérez de la Rosa
leerte die Ladung seines sowjetischen Gewehrs
in den ausgemergelten Körper.
Es entsprangen der Mündung gelbrote Flammenzungen,
und aus der nackten, aufgerissenen Brust
sickerten quellend Bächlein von Blut.
Enrique beugte sich über ihn, um zu helfen
und fiel über den von Kugeln Durchsiebten;
neun Feuerbahnen bohrten sich durch ihn in der Quere.
Es wurde munter weitergeschossen,
und die Leichen mehrten sich,
der Staub und der Pulverdampf
stiegen hoch als weiße Wölkchen

zwischen Geschrei und Todeswellen.
Es fehlen nur noch drei Monate
bis zum ersten Kongreß der
Kommunistischen Partei Cubas.
Die Wachtruppe des Kerkers Boniato
grüßt dieses große Ereignis
mit roten Fahnen, getränkt in Märtyrerblut.

Weihnacht

Es ist Weihnacht und ich friere,
der kalte Wind dringt bis auf die Knochen
wie ein Bajonett.
Das offene Gitter
im Hintergrund
gleicht einem Loch
im Rücken,
das die Lungen einfriert.
Es ist Weihnacht und ich habe Hunger,
sie brachten zeitig
unser Abendessen:
gekochte Kastanien,
eine ekelhafte Brühe,
kalt
wie der Wind in den Gebeinen.
Es ist Weihnacht und ich bin krank,
mich quält der Schmerz,
ohne Arzneien,
das Asthma schüttelt mich
mehr noch als der Wind.
Es ist Weihnacht und ich bin todmüde,
ich brauche Schlaf,
und er wird mir verwehrt durch
die Kälte,
den Hunger,
den Husten ...
Es ist Weihnacht
und nur in meinem Herzen ist Wärme.

Armando F. Valladares, geboren 1937 in der Stadt Pinar del Rio auf Cuba, beruflich Maler und Poet. Seit dem 27. Dezember 1960, also im ersten Jahr Castros, aus politischen Motiven in Haft, zu 30 Jahren verurteilt. 1974 in Streik getreten, weil er mit andren die militärische Disziplin verweigerte, hierauf länger ohne Nahrung und seither invalide: im Rollstuhl. So der Titel seiner Gedichte des Widerstandes, sie wurden herausgeschmuggelt und in Florida gedruckt (»Desde mi silla de ruedas«, 2. Aufl. 1976, Vorwort der Gattin Marta Valladares). Gewidmet ist das Bändchen von 134 Seiten »der UNO, der OAS und dem Roten Kreuz als Anklagezeugnis für ihre Feigheit und Komplizenschaft mit dem internationalen Kommunismus«. Nachdem auch Amnesty International Valladares nicht hatte frei bekommen können, setzte Frankreich 1982 seine Ausreise endlich durch.

Immer gibt es einen Christus

Unter jenen, die in der Welt
leben und sterben,
gibt es immer
einen gekreuzigten Christus.

Mensch oder Land,
immer gibt es
einen blutigen Altar,
wo die Schmach,
die Ichsucht
oder einfach die
Gleichgültigkeit am Werke sind.

Jeden Tag,
hier oder dort,
in allen Regionen
stirbt oder wird sterben ein Mensch,
der nach Gerechtigkeit schreit.

Kain

Kain, um nicht das Blut an seinen
Händen zu sehen,
schloß die Augen und
ging so Pilatus voran.

Zuletzt glaubte er sich sogar gut
        und gerecht in seiner Untat.
Denn die Lüge
war schöner
und wünschenswerter
als die fürchterliche Wahrheit.
Und für die Reue
– so dachte er –
war es spät am Tage.
Neue Kaine kamen in die Welt.
Alle wiederholten ruhelos die gleiche Geste;
denn die Weissagung – so hieß es –
habe sich auf dieser Erde zu erfüllen,
wie die Schrift lautete.

Rita Geada, geboren 1937, seit etwa 1960 im Ausland, zuerst als Stipendiatin, dann Emigrantin, zählt zu den bekanntesten Dichterinnen der Insel. Ihr vierter Band »Mascarada« erschien 1970 in Barcelona; er verrät die Einsamkeit und die Leiden der Exilcubanerin, die auch in den USA ein hartes Schicksal erduldete.

Brief an Gott

Ich sah die erhobenen Kelche, von Rubinen strotzend,
ich sah die weißen Brote, gleich Mondscheinschnitten,
und Gebärden von Menschen, die um Kleines stritten
Deine Wiege zu erhellen

Noch verletzen meine Ohren dunkle Lobesworte,
erfunden (nicht gewachsen), um eine Ahnung Deiner wachzurufen,
und nur eines blieb als Frucht dieses nutzlosen Treibens:
Deine Liebe war abwesend

Hingegen wenn ich einmal wie eine Schiffbrüchige in den Augen
        strandete,
teilhabend an Schweiß, Tränen, Lachen oder Schuld,
der Zauber Deines Hauches sprengte Ketten:
Deine Liebe war zu spüren

Im Innern ist mit dem Kinde mein schutzloses Wesen,
außen mit dem andren
verschmolzen in seinem Kerne,
bricht aus das große Schweigen, das die Knoten löst:
Deine Liebe wird Gegenwart.

Reich Gott deine Hand

Zuspruch an Angel Cuadra, Gefangener in Kerkern auf Cuba, 1977

Reich Gott deine Hand,
damit er sei
jenseits von dieser Zelle
wenigstens klein spürbar:
ein Versprechen,
das nicht bei der Geburt stirbt wie üblich

Reich Gott deine Hand:
den Gefangenen,
befreie ihn aus meiner Seele
und dann ein Schulterklopfen,
und laß ihn weinen, daß er trinke
die freie Luft der Menschen

Reich Gott deine Hand,
damit er hinausgehe in die Welt

Überlegungen eines cubanischen Priesters

Spanien schenkte uns als Erbe
die mildeste aller Religionen und lehrte uns, wie
man in den Himmel kommt. Schokolade kennen wir nicht,
aber wir beten voll Freude;
denn wir wissen, daß uns drüben jemand hört

Hernach wandten wir uns jedoch andren Festivitäten zu,
die Namen und die Kleider der Heiligen
beim liturgischen Karneval änderten wir
mit dem Trommelschlag

Sie gaben uns das Vaterunser, aber in apokrypher Fassung;
sie hießen uns um unser tägliches Brot bitten
statt um das verwandelte Brot
und ließen die unbequeme Bitte weg:
»Laß uns nicht fallen in Versuchung!«

Nach unserm Eindruck ist Gott veränderlich:
Zu wem haben wir eigentlich so lange gebetet?
Der sanfte Weg, wohin führt er uns denn?
Die Worte verraten uns:
Mit Gott sprachen wir nicht anders als mit Cäsar –
und die Taten sind danach!

Juana Rosa Pita, geboren 1939 in La Habana, lebt seit 1961 in den USA (Washington und Miami). Zuerst Dozentin, wirkt sie heute als Publizistin, Verlegerin und Lyrikerin. Seit 1976 hat sie rund sieben Gedichtbände veröffentlicht, wurde ins Englische und Deutsche übersetzt. Sie kämpft leidenschaftlich für die Poeten hinter Cubas Gefängnismauern (Angel Cuadra). Ihre eigene späte Poesie ist modern, aber nicht verschlüsselt, zeugt von Freimut und Kraft, ragt hervor unter den emigrierten »poetisas«.

Wiegenlied für die Toten

Die Morgendämmerung stolperte beim Gehen ...
da wurde sie schmutzig im Gesicht,
ach Gott!
von der Nacht ...
Welch schlimme Macht
hat doch der Schmerz,
manchesmal,
wenn wir weinen,
geht er stumm von dannen,
ein andermal kehrt er zornig um,
um den überraschten Engel zu schlagen.
Ach Gott!
der Kinder ...!
Ein Held ist der Wanderer,
der kommt und wirft für immer
die Hoffnung,
ach Gott!
ins Höllenfeuer ...

Unter Seufzern stirbt
die Ewigkeit in den milchenen
Kügelchen meiner Brust ...
Zu nichts deine Vorsicht ...
Leer ist der Wind,
der niederfällt
mit den Blättern,
leer auch der Schlaf,
ach Gott!
der Gräber ...
Wenn auch das Stillschweigen
weinte um dich,
ach Gott!
der schon nicht redete ...
Klein vermerkt auf einer Karte
liegt der Mond ...
Tränen verschifft der Büßer,
der in meiner Barke segelt,
so ins Ohr, ganz leise,
sagte ihm
»Gott gibt es nicht«,
ach Gott!
eine Stimme ...
Eingeschrumpft meine Seele
wie ein verwaschenes Kleid,
kann sie mich nicht mehr
auf die Schultern nehmen
und mich stützen ...
Sie leben und schreien, diese
Toten, in meiner Brust ...
Schlaft doch ... schlaft ...

Teresa María Rojas, geboren um 1940 in La Habana, beim Theater und im Fernsehen tätig, lebt in den USA; bislang hat sie nur einen Gedichtband veröffentlicht.

Die Berufung der Teresa von Cepeda

Dieser Welt abgewandt,
in Betrachtung der beschneiten Berge,
hinter denen sie sich Gott vorstellte
(denn dahinter sah man nur Himmel),
ersehnte sie nichts mehr als das Leben
und die Verwunderung, sich nicht blind oder taub zu wissen.
Sie hatte ihn gebeten mit einem heißen Liebesruf,
daß er zurückkehre,
daß er in ihrem Gesichte den Wind erspüre,
daß er in ihren Händen die Liebkosung entdecke.
Aber das Herz obsiegt nicht.
Gott ist in allen kleinen und großen Stücken
in ihrem Herren,
ihrem Verwalter,
ihrem Gatten,
ihrem Sohn,
ihrem Geliebten,
ihrem Amulett.
Das Herz obsiegt nicht.

Alle Frauen gehören Gott,
aber er gehört keiner.
Abend um Abend sieht sie auf die ragenden Hügel,
Pyramiden, auf denen der Schnee sein Nest baut,
und denkt an uns,
die armen Mädchen vom Lande,
bestimmt für den häuslichen Herd,
manchmal vom Teufel heimgesucht
und verlassen inmitten der trockenen Blätter,
die aus den Baumschatten rieseln.

Eine tapfere Frau, die sich Gott vermählte

Für Sor Juana Inés de la Cruz, die Dichternonne aus Mexico

Ich stelle sie mir ganz bleich vor,
und daß sie die Wände des Klosters mit bösen Worten beschmierte,
gequält von der Hitze, den Stechmücken
und von der Einöde in ihrer Zelle.

Ich nehme an, daß sie in der Vergangenheit einen Fehltritt begangen hatte
mit einem Kavalier, der zu jener Zeit schon Ehemann war,
der aber seine Junggesellenzeit wiederholte, jedes
Mal, da er sie küßte.
Ich bin mir sicher, daß, als sie von ihm verlassen wurde,
sie ihren Körper dem Teufel überlassen wollte,
sich zu einem erfahrenen, ehrlosen Weib machen wollte
und sich einige schmückende Fetzen kaufte.
Sie weinte einige Zeit,
und dann sagte sie: »Alles Übel dieser Welt sind die Männer.«
Ich glaube sogar,
sie gab sich keine Mühe, ihn zu vergessen,
sie ließ sich von allen Kämpfen berichten, in denen er siegte,
und erst als er fiel
in jenem Streit um Frauen,
da richtete sie ihren Blick auf andres
und vermählte sich Gott, dem ohne Geschlecht.

Belkis Cuza Malé, geboren 1942 im östlichen Cuba, Guantánamo, dem vielbesungenen, ist eine der fleißigsten und angesehensten Lyrikerinnen des jungen Cuba; mit ihren halben Dutzend Bänden seit der cubanischen Revolution ist sie auf einem Weg des Erfolgs. Sie lebt seit 1979 in Miami und ist verheiratet mit dem Lyriker Heberto Padilla, der Cuba 1980 verließ.

Zu unseren Texten: Teresa von Cepeda ist Teresa von Avila. – Die Vorstellung von der dichtenden Nonne des mexikanischen Barock, Sor Juana Inés de la Cruz, widerspricht nüchternen Berichten über das Leben der größten gesamtamerikanischen Dichterin, eines Universalgenies mit Geist und viel persönlicher Freiheit (freilich im Rahmen eines Klosterlebens, das damals recht großzügig war).

Blutvergiessen

In Erinnerung an die Erschießung von Julio Antonio Yebra, 28 Jahre alt, Januar 1961

Weißt du, was in der Nacht deiner Erschießung vor sich ging?
Odysseus versengte mir die Brust mit der Glut seiner Klage.
Er verlor die Worte, und seine Augen waren tot
(nach soviel Jahrhunderten rächte sich Polyphem).
Ich sprach von deiner Ehre
und sagte tausend kindische Dinge,
um das Verbrechen zu verbergen.

Was wolltest du, daß ich tat?
Ist dir nicht bewußt, daß dein lebloser Körper
uns bis ins Mark erschütterte?
Wir beteten und weinten.
(Man wußte nicht darum, daß du ein radikaler Agnostiker warst.)
Jesus weinte und betete.
Dieser Jesus aber, der niemals weinte
und der auch nie betete,
er weinte und betete
(er war auch ein Rebell, dieser Jesus).

Die sechs zielten in dein Gesicht.
Danach war Schweigen,
das Schweigen nach dem Salvenknall!
Warum war alles still?
Warum verstummten alle Geräusche?
O Gott, was geschah nach diesem Knall?

Carlos Alberto Montañer, geboren 1943, heute im Exil in Spanien, veröffentlichte 1969 in Puerto Rico den Gedichtband »Los Combatientes«, dem dieser Freundesnekrolog, ein Auszug aus dem Gedicht »Caida de sangre«, entnommen ist.

Beichte

Wie wenn es nach außen hin ein automatisches Wesen gäbe,
von fremden Uhren gesteuert,
das aufsteht,
atmet, geht, spricht,
den Verkehrsregeln gehorcht,
ißt, trinkt und sich niederlegt.

Innen bist du.

Außen gibt es ein Maskengesicht,
das spielt Klage, Lachen und Staunen vor
mit geliehenen Ausdrücken,
und hinter dunklen Gläsern
verbirgt es die Augen,
damit sie in ihnen nicht sehen,

daß drinnen du bist.

Nach außen hin gibt es eine Maschinenperson
aus Stücken, Schrauben, Schraubenmuttern,
Armen, Kopf, Beinen.
Nach außen die Maske, der Panzer,
die Uniform des Zynismus,
um inmitten der Raubtiere zu überleben.

Im Innern lebt immer noch
der Traum,
die Zärtlichkeit, leben
Gott und du.

Uva A. Clavijo, geboren 1944 in La Habana, gehört zur Generation der »Casiniños« (Fast-Kinder), die exiliert wurden, die Verbannung aber nicht als Alternative annahmen. Schon von Kindheit an fühlte sie sich zum Schreiben gedrängt, veröffentlichte seit 1972 vier Bücher, auch solche als Kritikerin und Erzählerin. Sie lebt in Miami, USA. Ihr Motto: »Die Biographie der Dichter geben ihre Werke.« Unser Text ist entnommen ihrem Band »Versos del exilio« (Verse aus dem Exil), 1976.

Nihilismus

Wir sind die barfüßigen Söhne der Erde,
wandern durch Staub und
durch Kot
und durch alles Dunkle in uns.
Wir sehen hinter uns,
und dabei sehen wir, daß uns
schweigen heißt der fürchterliche Nebel
über dem Leben.

Das genügt

Kennst du Gott?
eine dringende Frage auf Amtspapier.
Ein Freund berichtet mir
von seiner tiefsinnigen Erkenntnis höchster Erhebung
und lädt mich ein, ausgebrannte Einsamkeit zu sein
oder die geheime Landschaft eines strengen Befehls.

Und ich antworte: Ich bin eine irrende Leidenschaft, erdverbunden,
und ich antworte, daß ich ein Seemann des Geistes
und daß ich seine Welt nicht mit dem Auge ruhigen Vertrauens sehe,
weil ein Nest voller Geheimnisse sie vor dem Menschen schützt,
weil sie jedem Lebewesen Frieden zusichern will –
und ich nicht; ich will immer das menschliche Wort,
mein Ort ist die Welt,
mein Leben ist das Leben, von den Träumen geerbt,
das das Brot teilt, gebiert und stirbt,
das von der Zeit ihre Strähne an Wundern schlürft,
das zu Fuß das unendliche Wort geht,
das der Freiheit ihre ernsten Wünsche vorbringt,
das den Vorurteilen keine Kerzen aufsteckt,
das mit der Aussage, frei zu sein wie das Frühlicht.
Mein Leben ist Geschichte ohne himmlische Abgründe,
und mein Blut ein warmer Strom der Ereignisse,
und ich lebe ruhig ohne die Krücken Gottes,
und ich bin der Zweifel, der sich in einer Summe von Gesetzen
niederschlägt,
und ich bin, kurz und einfach, ein Mensch,
und das ist mehr als genug.

Eigene Geschichte

Was sind wir? Zone, Pakt, Klammer, Linie, Poesie,
Paar, feierlicher Fehltritt, echter Umtrieb,
Museumshang und abstrakte Entdeckungssucht,
die Rechnung vorlegen auf Saugpapier,
ein laufender Zufall im Dunkel eines Sees,
gemischter Liebeskorken,
der erklärte Zeitablauf, Wahrheit und Legende,
Licht, Schatten, gewählte Symmetrie,
Bewegung und Abbild zweier Leben.

Wenige Jahre nach der letzten Aussage starb der junge Exilcubaner *Wifredo Fernández* (1949–1977) durch einen Unfall in den Straßen Madrids. Zwei Gedichtbände hat er hinterlassen, »Ausdruck eines fürchterlich nachdenklichen Geistes in der Poesie« (Montañer). Er wollte in der »Illusion nützlich sein« und der »Freiheit verpflichtet«, die ihn in Europa an seinen Vater daheim denken ließ, auch an Cuba, »das er erinnert, aber für das er nichts tun kann«. Er war voller Sehnsucht, aber ganz und gar hiesig.

Mel et lac sub lingua tua

Herr, Du hast Augen und siehst, Du hast Ohren und hörst. Warum das ungeborene Kind, das wilde Tier, das als Weib stirbt? Die Predigt, womit man Autos verkauft? Und warum, Herr, diese Wurzel, von Deiner Erde vergessen?

Mir hast Du es auch versprochen. Ein Brot, in dem ich jeden Tag geboren würde, ein Brot, um darin täglich lächelnd zu wachsen, in Fülle und haftend an der Sonne wie Licht und Ernten. Mir stand das Recht zu, mit allen meinen Brüdern die Sprache zu teilen. Könnte ich angeklagt oder verraten haben jemand mit Worten? Hätte er unschuldig sein können oder der ärgsten Verbrechen schuldig? Aber Du riefst abermals Adam. Du taufst mich, um mich zu erwürgen. Weshalb, Herr?

Mich erwählt zu haben war meine Sünde.
Ich bin ohne Grenzen, der elendeste Blinde.
Ich finde keine Hunde, Stäbe, Passanten, die mir beistünden, diese Kreuzung zu überqueren. Ohne die alten Familiendaten wurde ich zu einem Greis ohne Gedächtnis, unwiderruflich, zu einem geborenen Greis, dessen Zukunft ohne Vergangenheit ist.

Da bin ich, Herr. Höre mich an mit Deinen Augen, Herr. Sieh mich an mit Deinen Ohren. Aber tu etwas. Ich kann nicht auf den Wassern gehen. Mein Wasser ist nicht mein Wein. Ich will keine Schelme an meiner Seite haben. Ich kann ihnen nicht verzeihen.

Octavio Armand, 1946 auf Cuba geboren, seit 1960 als Emigrant in den USA, Verfasser von drei Gedichtbänden der Einsamkeit, Klage, Sehnsucht - in USA, Spanien, Venezuela. Octavio Paz, kompetent für Mexico, lobte seine persönliche Modernität . . .

Ich will

Ich will einen Vers der Hoffnung rauben,
ich will mir vornehmen, aus einem Kreuzworträtsel
geboren zu werden;
ich will mich im Wort erkennen.
Vom Bilde Gottes will ich Herrin sein
und mir selbst entfliehen, und zwar bald,
mit dem Seinsgrund hinter mir;
in einer Träne will ich mich neu erschaffen.

Ich gehe

Ich gehe mir ein Herz aus Fichtenholz kaufen,
so will ich zehn Jahre hüten mit ihren lebhaften
Erinnerungen an Nächte und Abschied.

Ich gehe daran, erstmals ertönen zu lassen die Stimme eines Regenbogens,
um einen Widerhall zu entlocken dem Meer-Freund,
der die Ränder meiner Insel küßt.

Ich gehe, die Seele mit meinem Hoffnungsgrün zu füllen,
um so Gott eines Morgens zu finden
und mich dann in seinem milden Blick auszuruhen.

Für Pedro Luis Boitel

Ich kannte Dich nicht, aber ich spüre Dich,
wie wenn ich Dich gekannt hätte.

Mach mir ein großes Tuch,
sehr groß,
so groß wie ein Bettlaken,
damit ich darin die Seele meines Freundes einhülle.

Und laß mich endlos beweinen,
daß er aus meinem Land ging
für immer,
weit weg von meinem Lande,
samt seinem Herzen, zutiefst verletzt.

Ganz früh am Morgen ging sein Herz von hinnen,
um Gott zu berichten von
unsrem Martyrium,
und ich weiß, daß es noch zu früh ist –
viel zu früh noch –
seinen Namen in Bücher einzusargen.

Sara Martínez Castro, geboren 1950 in Ost-Cuba, lebt seit 1970 in Miami, USA, von ihrer Arbeit als Sekretärin. Sie gewann seit 1979 drei Dichterpreise in den USA.

Pedro Luis Boitel war die Spitze des studentischen Widerstandes gegen Batista wie gegen Castro, ließ sich vom zweiten aber nicht in ein Ministeramt locken, saß zwölf Jahre in Haft und starb, nach fast zwei Monaten Hungerstreik gegen die grassierende Inhumanität, am 24. Mai 1971.

Auf die Virgen de la Caridad

Jungfrau der Nächstenliebe,
Schutzfrau der Cubaner,
laß mich in Deine Hände legen
den Beweis meiner Ängste.
Laß die Freiheit abermals
über unser Volk kommen,
mich, Gott, laß ganz arm sein,
laß mancherlei Unglück mich
überkommen, aber laß mich zum
Heiligtum von Cobre gehen.

Ein Volk, so fromm in den
Tiefen seines Glaubens,
ist heute Opfer eines Systems
bloßer Ausbeutung.
In Deinem Heiligtum sieht
jeder des Kommunismus Spuren,
aber aus dem blinden Schmerz
wirst Du neu erstehen,
dann werden wieder lachen
können die Berge von Santiago.

Oscar Pérez Moro, ein sonst unbekannter Exil-Cubaner, schrieb 1973 diese zwei décimas (Zehnzeiler), die Heimatliebe und Glauben schlicht aussprechen und weitergeben. Die »Virgen de la Caridad« (die Allerseligste Jungfrau von der Liebe) ist die Nationalpatronin Cubas.

Gott, ich kenne Dich

Gott, ich kenne Dich.
Eines Abends,
da die Sonne ihre Kraft
in die Ferne verstrahlte
und Du langsam nahtest,
von einem, ich weiß nicht welchem, heiteren Treiben,
auf dem Meere wandelnd.
Ich erkannte Dich im Augenblick.

Dein Bart war, plötzlich,
aufgelöst in Schaum,
und fortan war Ruhe.
Ich sah Dich an, und Deine Augen
erinnerten mich an den Blick
eines hilflosen Knaben.
Ich sah Dich nicht, wie alle Dich sahen;
denn Deine Stimme klang wie ein sanfter Bach,
der talabwärts sprudelt,
und nicht wie Donnerstimme.
Deine Schritte verrieten keine Gewalt,
eher so zart-fein wie die eines Reihers,
Vogelfriede.
Gott. Ich liebte Dich
wie den Hungernden,
wie den Verurteilten,
wie den Baum.
Ich kenne Dich, Gott.
Ich verstehe Deinen
friedfertigen Blick,
Dein Müdesein.

Alina Hernández aus Bayamo, Mittel-Cuba, publizierte dieses Gedicht 1976 in Madrid, auch sie eine Emigrantin. Gewidmet dem »heiteren Andenken ihres (verstorbenen) Vaters«, eingeleitet von dem Chilenen (lange in Cuba, heute in Costa Rica) Baëza Flores. Er schätzt die Gedichte als »Suche nach einer Ausgangspforte, Tür nach Hause, durch die man bald auf Gott stößt«.

Die Geburtsdaten von *Oscar Pérez Moro* und *Alina Hernández* ließen sich trotz mehrerer Versuche nicht ausfindig machen.

Nachwort

»Ohne Lyrik kann ich nicht leben.«
Johannes Paul II.
»Weh' uns, gäbe es keine Poesie.«
Carlos Pellicer

Unschwer könnte man ganzseitig Literaturkriterien aufführen, in denen heutige Federgewaltige jegliche Innerlichkeit verächtlich machen und gar metaphysischen Bezug als Staub aus der Vergangenheit abtun. Depressivität wurde zur Dominante und modisch. Dagegen stellte sich z. B. Gerd Henniger, als er der deutschen Nachkriegsliteratur vorhielt, sie sei über einen platt-aufklärerischen Rationalismus nicht hinausgekommen: »Keine der großen westlichen Literaturen ist so sehr in positivistischer Nabelschau befangen wie die unsrige. Nirgendwo ist das metaphysische Defizit größer« (Akzente, Dezember 1981). In unseren Augen auch eine und nicht die schwächste Erklärung für die vorherrschende Prosa-Unpoesie unserer Tage. Mögen davon Betroffene und darüber Besorgte sich dessen erinnern, was schon 1926 Hermann Hesse kündete: »Der Dichter ist stets, er selbst mag darum wissen oder nicht, Metaphysiker und hat es niemals – er mag darum wissen oder nicht – mit der ›Wirklichkeit‹ zu tun, sondern seine Mission besteht darin, daß er den Menschen in seiner Zufälligkeit und Wandelbarkeit erkennt und daß er an die Stelle der Realität des zufälligen Menschentums seinen eigenen Traum vom Menschentum, seine Ahnung von der Bestimmung des Menschen setzt.« Er habe darum »Diener, Ritter, Anwalt der Seele« zu sein. Und diese ist des längeren schon in Gefahr, am meisten seit bereits im vorigen Jahrhundert der Glaube und damit alle Transzendenz angenagt wurden. Was von Kathedern gepredigt wurde, geriet zuletzt zum Gassenhauer. Es gab noch unlängst eine tradierte christliche Dichtung in Einklang mit der Überlieferung, aber dann leider zuletzt verschwistert mit Mentalität und Moral des Bürgertums – und darum wird sie heute angefochten, weil brüchig und hohl geworden.

Auf Katholischen Akademien diskutiert man über das »Ende der christlichen Literatur«. Man übernahm – sogar Theologen taten das – die Formeln vom verborgenen, dann vom abwesenden, zuletzt die vom toten Gott. Und der lange tonangebende Gottfried Benn popularisierte derlei Erkenntnis für sein poetisches Fach: »Gott ist ein ungünstiges (später hieß es: schlechtes) Stilprinzip.« Er machte damit literarisch jegliche Transzendenz dubios und odios. Wogegen Ernst Jünger nüchtern konterte: »Die verfallenen Altäre sind von Dämonen bewohnt.« Lernfähige hofften noch vor einer Generation auf »Rückkehr zur Orthodxie« als einen zu erwartenden Pendelgegenschlag. Obwohl und gerade weil wir in der Periode des

»lautlosen Abfalls von der Kirche« leben, übernahmen Dichter, einige wenige, die vergessene oder versäumte Mission der Philosophen und Theologen. Und sie haben es dabei – allein schon sprachlich – sehr schwer; denn:

> »ALSO wurde das wort GOTT zum letzten der wörter
> zum ausgebeutetsten aller begriffe
> zur geräumten metapher zum proleten der sprache«
> (Kurt Marti).

Der einstige Marxist Leszek Kolakowski, heute Philosoph in Oxford, besetzte diese Lücke und stärkte unbequeme Frager: »Wir haben das falsche Gottesbild ausgeräumt, aber nicht die Frage nach Gott.« Sie beschäftigt ebenso den Moraltheologen Dietmar Mieth, der solchen Spuren in der zeitgenössischen Literatur nachging. Er begegnete dort neben einer dreisten »Vergleichgültigung« auch einer angestrengten »Verrätselung« Gottes, außerdem einem abwegigen metaphorischen Glauben – und dann doch auch wieder einem nüchtern um und mit Gott ringenden Glauben. Es gibt Literaturwissenschaftler, welche auf die gleiche Fragestellung trafen: mit dem Ergebnis einer »christophorisch« getauften, jedenfalls transzendierenden Literatur (Karl Josef Kuschel und Wolfgang Frühwald). Auch hierzulande finden sich also, zwar seltener als draußen in der Welt, Autoren, die zu sich selber, mit sich ins reine kommen wollen und bei solchem Nachdenken den unbekannten Gott – lassen wir es bei dieser vierten, schon paulinisch-griechischen Fügung – nicht ganz ausklammern können und wollen. Sie gehen dabei über Neuland, auf ungesichertem Terrain, sind von den Kirchen häufig abgekoppelt, bestrebt, vom Alltag und vom Menschen her sich zu orientieren. Bereits Jean-Paul Sartre sah in Jakobs Kampf mit dem Engel das Urbild des christlichen Helden, und Reinhold Schneider, selbst dafür ein Beispiel, siedelte christliche Kunst wie Leben im Bezirk des Scheiterns an. Der Ex-Katholik Hermann Broch ging noch weiter; denn er wußte um die exponierte Situation dieser ungeheuren und ungeheuerlichen Thematik, daß nämlich »das Glaubens-Dichterische stets vom Ketzerischen getragen« sei. Daß manches Gesagte aus unserer binnendeutschen Sicht auch für die transatlantische Ibero-Romania gilt, bestätigt der gebotene dichterische Querschnitt trotz seiner Beschränkung, weil er u. E. als Ganzes positiver und sogar progressiver wirkt als mögliche deutsche Parallelen.

Zur Textauswahl

»In manchen Ländern Amerikas schreibt so gut wie jeder Gedichte, angefangen beim Präsidenten bis herab zum Portier«, so das herbe Statement des Nordamerikaners R. Jarrel. Noch bedrückender die Unzahl der poetisas! Qualität ist also auch dort mit der Lupe zu suchen. Und doch ist die stolze Aussage des Nicaraguaners Pablo Antonio Cuadra, Lyriker und Essayist, nicht anzuzweifeln: »Die Anzahl guter Dichter, von Poeten mit Niveau, die Amerika in diesem Jahrhundert hervorbrachte, findet nicht ihresgleichen in irgendeiner anderen Sprache.« Darum lag mit gutem Recht das Schwergewicht dieser Auswahl beim 20. Jahrhundert. (Nur Cuba, am längsten kolonial beherrscht, ist im 19. Jahrhundert für uns ergiebig.) – Am leichtesten und auch als thematisch wie stilistisch angebracht empfahl sich die Gliederung nach Jahrgängen. Dabei ergaben sich Ähnlichkeiten der Sprache und Gesinnung, Parallelen der Gefühlslage und des Gesamtstils, abhängig vom »Zeitgeist«, der oft bestritten wurde und dennoch erkennbar ist. Die in der Hispania sonst übliche Gruppierung nach Generationen und »Schulen« bewährt sich zwar häufig, nicht so aber bei Außenseitern – und das sind gerade die Lyriker. Es gibt z. B. keine generelle surrealistische Bewegung, aber viele solcher Gedichte. »Alles überschneidet und verschränkt sich in Lateinamerika« (P. A. Cuadra).

Unser Bestreben war, aus der gewaltigen Ländermasse, aus den vielen kulturellen Zentren zwischen Mexico-Stadt, Santiago de Chile und Buenos Aires, aus über zwei Dutzend Ländern vornehmlich die Dichter zu finden, die einen metaphysischen Zug, positiv oder auch negativ, in ihrem Werke aufweisen. Manche berühmte Namen entfielen dabei, unbekannte Größen tauchten auf. Der portugiesischsprachige Subkontinent im hispanischen Gesamtrahmen war aus vielerlei Gründen bei weitem am schwersten zu erfassen, er ist leider nur unzureichend hier vertreten. Andere Enklaven in der jenseits des Atlantiks bestimmenden Hispania sind die französischen und englischen Einsprengsel in der Karibik, die aber in geistiger Gemeinschaft mit den hispanischen Nachbarn leben und deshalb dort auch beachtet werden, wie das z. B. in Caracas, La Habana, Mexico geschieht. Die afrikanische Komponente artikuliert sich ausdrücklich und wiederholt, hingegen die autochthon-indianische verschleiert (César Vallejo) oder kreolisch-antikolonial überlagert (Pacheco, Delgado Tresierra).

In einigen Fällen mußte die biographische Dokumentierung unvollständig bleiben. Das ist keine neue und seltene Erfahrung. Wolfgang Luchting, ehemals Münchner Romanist, heute in Peru und den USA, klagte 1973 im Vorwort zu »Moderne Erzähler der Welt, Chile«, »daß die um die Druckrechte angeschriebenen Autoren nicht antworteten«, daß es ihm »in Santiago de Chile nicht gelang, einzelne Autoren ausfindig zu machen«. Das ist nun einmal das übliche romanische laisser faire, laisser aller . . . So ist es denn auch hier Herausgeber und Verlag trotz der entsprechenden Bemühungen nicht in allen Fällen gelungen, mit den Urheberberechtigten in Verbindung zu treten.

Zu dem Umstand, daß Brasilien zu knapp, hingegen Cuba recht ausführlich behandelt wird: Nochmals, Brasilien ist ganz eigenständig, ist eine Großnation für sich, verdiente darum eigentlich einen selbständigen Band ähnlicher Größe. Cuba dagegen ist das zur Zeit interessanteste Exempel für das immense Kapitel: Lateinamerikas Literatur und Exil. Seit Ovid, von Dante bis heute zu Canetti, Sperber, Weiß, Bachmann bewirkt diese kontrastreiche Konfrontation ein provokantes Bild von gewaltiger innerer Spannkraft. Die Trennung vom geistigen Mutterboden läßt die einen verkümmern oder gar zusammenbrechen im Suizid, andere sich total wandeln, wieder andere, die nie schrieben, auf- und ausbrechen in inneres Fremdland. Wir Deutsche haben die Exilanten des Dritten Reiches weder hinreichend gewürdigt noch erforscht. Der Exilchilene Guillermo Arraya konstatierte 1980: »Vielleicht gab es nie zuvor in der Geschichte Hispanoamerikas so viele Exilierte. Personen, die sich nie zuvor als Schriftsteller erwiesen hatten, sie griffen jetzt zu Hunderten zur Feder. Aus Verzweifelung wollen sie berichten, was sie sahen und erlitten ... In der Fremde entstehen Zeitschriften mit großer Streuung«, so für die Chilenen in Kalifornien, für die Cubaner in Florida und New York, selbst mit eigenen Verlagen in Miami und Madrid. Nun wich in Cuba die intelligente Mittelschicht schon seit einem Vierteljahrhundert vor der Diktatur ins Ausland, ist Teil der zweitstärksten Minderheit in den USA. Das Niveau dieser entwurzelten und zugleich gefestigten literarischen Produktion übertrifft künstlerisch die soziopolitisch zielende Kampfliteratur der Insel, die uniform und monoton, allein patriotisch angelegt und klassenorientiert und darum zumeist rhetorisch-polemisch sich gibt. Die Literatur auf Cuba wurde trotzdem lange aufmerksam verfolgt; aber sie bringt nichts für unsere gezielte Befragung (z. B. die Sondernummer der Zeitschrift »Unión« des Schriftstellerverbandes zum zwanzigjährigen Bestehen, 4/1982, bietet zwar starke 280 Seiten anthologisch-rückschauend, davon gut ein Drittel Lyrik, allerdings fast nur Beispiele mit Bezug auf Hanoi, Moncada, Zafra, Comandantes ... die trockene Statistik aus zwei Jahrzehnten: siebenhundert Autoren aus sozialistischen Ländern, zweihundertsiebzig aus der Dritten Welt, hundertachtzig aus kapitalistischen Ländern). Einander ähnliche Texte zu gleichen Vorwürfen wurden hier hereingenommen von innerhalb und außerhalb Cubas; sie sprechen ihre beredte unterschiedliche Sprache: Cuba, die Zuckerinsel, wurde bitter, »bitter wie das Meer« (Cintio Vitier).

Zur Textgestaltung

In Madrid teilte jemand ein in »Spiegelanthologien«, das heißt panoramische Rundaspekte, und »filtrierte Anthologien«, die gezielt auswählen wie die unsrige. Allein nach Anlage einer Anthologie wird sie in der Regel zur »Visitenkarte des Anthologisten«. – Hielte man sich an die Italiener, müßte jeder Übersetzer resignieren: traduttore-traditore! Ähnlich schreckte ab der deutsche Romanist von Stackelberg, der »Unübersetzbarkeit geradezu zu einem Charakteristikum moderner Lyrik« erhob. Es gäbe noch etliche mehr der Warner vor Übersetzung von Dichtung. Andererseits kennt man große Dichter, die sich nicht scheuten, als Übersetzer sich zu bewähren. Miguel de Unamuno sieht darin einen »Weg, der am meisten den Geist bereichert«. Laut seinem Landsmann José Ortega y Gasset schafft der Übersetzer zwar kein Werk, aber einen Weg zum Werke bietet er allerdings: ein nötiges Hilfsmittel. »Sprachverrenkungen«, wie man sie bisweilen sogenannten poetischen Übersetzungen ankreiden dürfte, sind nur anzutreffen, wenn man Reim und Metrum ehrgeizig nachbilden möchte, was nicht unser Anliegen war. Aber Originalnahes und zugleich Gehobeneres als nur eine wortgetreue Prosaversion zu erreichen war doch das verfolgte Vorhaben. Die Voraussetzungen sind dafür günstiger geworden nach der großen Lyrik um die Jahrhundertwende, da Rubén Darío den großen Prozeß der Abnabelung Hispanoamerikas vom einstigen Mutterlande in der Literatur einleitete und als Initiator des »modernismo« zum Vorbild einer pretiösen Wortkunst – lange im Gefolge Frankreichs – wurde. Seither haben wir eine wachsende, eine gereifte literarische Selbstfindung ganz Lateinamerikas, wenn auch keine totale sprachliche Absonderung von der Tradition. Der unter anderem von Ernesto Cardenal verworfene subjektive »interiorismo« wie der stilistische »verbalismo« (ohne deswegen die politischen Konsequenzen von Cardenals »exteriorismo« anzunehmen) sind allgemein im Abklingen. Eine Welle karger Knappheit, bescheidener Aussage und konkreten Bewußtseins herrscht vor und erleichtert die Wiedergabe auch in fremden Zungen. Angesichts aller Problematik des Dolmetschens von Dichtung gelte uns das tröstliche Wort des Übersetzers Goethe: »Was man auch von der Unzulänglichkeit des Übersetzers sagen mag, so ist und bleibt es doch eines der wichtigsten und würdigsten Geschäfte in dem allgemeinen Weltwesen.«

Solches trifft zu mit Vorzug beim Umgang mit einem Kontinent, der Europa so nahe steht und ihm doch im Wesen fremd blieb, scheinbar von ihm kulturell abhängt und dennoch in seiner Eigenart geistig der Alten Welt viel geben kann. Darum sind gebotene Problemerörterung und Literaturtheorie nur ein dürftiges Anhängsel zur poetischen Praxis Lateinamerikas, die sich hier realiter charakteristisch entfaltet und – gefallen möge.

Franz Niedermayer

Autorenverzeichnis

Lateinamerika

Cuba

Quellenhinweise

S. 10 f Sor Juana Inés de la Cruz, Obras completas, Editorial Porría, México 1972
S. 12 ff Alfredo R. Placencia, El libro de Dios, Imprenta de Eugenio Subirana, Barcelona 1924
S. 16 ff Poesía en movimiento, Siglo XXI Editores, México 1966
S. 18 f Poesía nicaraguense, hrsg. von E. Cardenal, La Habana 1973
S. 19 f © by Gabriela Mistral, vertreten durch die Literarische Agentur Joan Daves, New York, mit Genehmigung der Liepmann AG, Zürich
S. 22 César Vallejo, Die schwarzen Boten, aus: Gedichte, Bibliothek Suhrkamp 110, übertragen von Hans Magnus Enzensberger, © Suhrkamp Verlag, Frankfurt am Main 1963
S. 23 f Fernando Paz Castillo, Antología poética, Monte Avila Editores, Caracas 1979
S. 30 Horacio Armani (Hrsg.), Antología esencial de poesía argentina (1900–1980), Aguilar Argentina Ediciones, Buenos Aires
S. 30 f Antología de la poesía hispano-americana contemporánea (1914–1970), Alianza Editorial, Madrid 1971
S. 34 ff Carlos Pellicer, Reincidencias, Fonda de Cultura Económica, México 1978
S. 38 Antología de la poesía hispano-americana contemporánea, a. a. O.
S. 39 f José Gorostiza, Poesía, Fonda de Cultura Económica, México 1964
S. 41 ff Carlos Drummond de Andrade, Gedichte, Bibliothek Suhrkamp 765, übertragen von Curt Meyer-Clason, © Suhrkamp Verlag, Frankfurt am Main 1982
S. 48 f Pablo Neruda, El Río Invisible, Barcelona 1980
S. 49 f Pablo Neruda, Letzte Gedichte, Sammlung Luchterhand 201, übertragen von Fritz Vogelgsang, © Luchterhand Verlag, Darmstadt/Neuwied 1975
S. 50 f Revista Nacional de Cultura, Caracas, April 1978
S. 53 f Poesía en movimiento, a. a. O.
S. 56 f Cesareo Rosa-Nieves, El Plenamar de las Garzas de Ambar, Ediciones Rumbos, Barcelona 1964
S. 59 f Pablo Antonio Cuadra, Introduzione alla Terra Promessa, Edizioni Accademia, Milano 1976
S. 62 f Poesía de Luz Machado, Monte Avila Editores, Caracas 1980
S. 64 f Revista Nacional de Cultura, Caracas, April 1978
S. 65 f G. Rojas, 50 poemas, Ediciones Ganymedes, Santiago de Chile 1982
S. 67 f Alberto Girri, Poemas elegidos, Editorial Losada, Buenos Aires 1965
S. 69 ff Alfonso Castro Pallares, Este Barro Glorioso. Antología, Editorial IUS, México 1972
S. 73 ff Eunice Odio, Antología, Monte Avila Editores, Caracas 1975
S. 75 f Rubén Bónifaz Nuño, De Otro Modo Lo Mismo, Editorial Fondo de Cultura Económica, México 1979
S. 83 f Ernesto Cardenal, Die Stunde Null, Peter Hammer Verlag, Wuppertal 1979
S. 85 f Miguel Arteche, Antología de 20 anos, Editorial Universitaria, Santiago de Chile 1972
S. 88 f Washington Delgado, Un mundo dividido, Instituto Nacional de Cultura, Lima 1970
S. 89 f Revista Nacional de Cultura, Caracas, April 1978
S. 93 f Poesía Contemporánea de Costa Rica, Editorial Costa Rica, San José 1973

S. 97 f Revista Nacional de Cultura, Caracas, April 1978
S. 98 f Revista Nacional de Cultura, Caracas, April 1978
S. 100 f J. A. Escalona-Escalona, Antología actual de la poesía venezolana (1950–1980), Editorial Mediterráneo, Caracas/Madrid 1981
S. 102 Eugenio Montejo, Terredad, Monte Avila Editores, Caracas 1978
S. 102 f José Emilio Pacheco, Ayer es nunca jamás, Monte Avila Editores, Caracas 1978
S. 105 Escalona-Escalona, a. a. O.
S. 107 f Erstmals veröffentlicht als »Dios Es« in: *Poesía y vida* (versch. Autoren). © 1979 Ediciones Certeza. Übersetzt mit Genehmigung von Ediciones Certeza, Downers Grove/Ill. USA
S. 108 f Erstmals veröffentlicht als »Vergüenza« in: *Poesía y vida,* a. a. O.
S. 110 Poesía feminina chilena, Santiago de Chile 1974
S. 118 f Regino Pedroso, Poemas, La Habana 1966
S. 119 ff Eugenio Florit, Antología penultima, Editorial Plenitud, Madrid 1970
S. 124 f José Lezama Lima, Cartas, Editorial Orígenes, Madrid 1979
S. 132 ff »El cuadro del Angel« und »El Ciclón« aus: Edith Llerena, Las Catedrales del Agua, Editorial Playor, Madrid 1981
S. 134 f »Cárcel de Boniato: Relato de una masacre« (Fragmenta VIII) von Armando Valladares, in: Escrito en Cuba. Cinco poetas disidentes, Editorial Playor, Madrid 1978
S. 135 f Armando Valladares, Desde mi silla de ruedas, Ediciones Interbooks, Florida ²1976
S. 137 f Pan de Sol, Washington 1976
S. 139 f Rodriguez Sardiñas (Hrsg.), La última poesía cubana (1959–1973), Editorial Hispanonova, Madrid 1973
S. 141 f J. A. Goytisolo, Nueva poesía cubana, Edicions 62, Barcelona 1970
S. 143 f Azor en vuela, Ediciones Rondas, Barcelona
S. 148 Oscar Pérez Moro, Así es mi tierra, Miami 1973